Peter Rieleit

Leistungsstarke Lenkdrachen zum Nachbauen

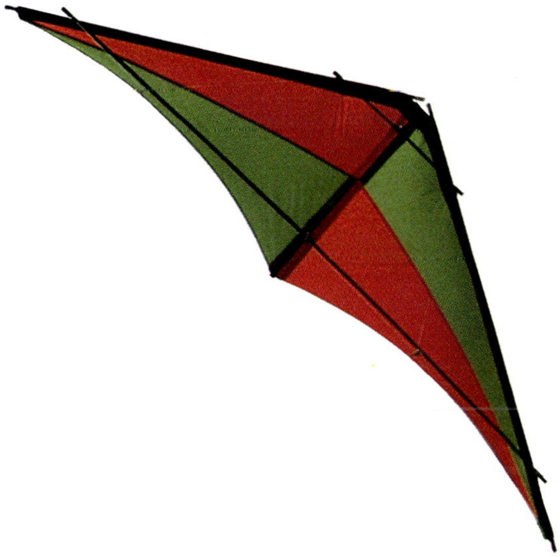

Otto Maier Ravensburg

 Für die im Buch enthaltenen Anleitungen und Angaben, die vom Autor und vom Verlag sorgfältig überprüft wurden, wird keine Garantie übernommen. Autor und Verlag haften auch nicht für eventuelle Personen-, Sach- und Vermögensschäden. Etwa bestehende Patente, Gebrauchsmuster oder Warenzeichen sind nicht als solche gekennzeichnet. Das Fehlen eines solchen Hinweises läßt jedoch nicht den Schluß zu, daß Produktnamen, Konstruktionen o. ä. frei sind.

Umschlaggestaltung: Ekkehard Drechsel BDG
Layout: Birgit Braun
Fotos und Zeichnungen: Peter Rieleit
(außer Seite 12: Ernst Fesseler / Seite 13: Ekkehard Drechsel)
Redaktion: Hildrun Lachmann
Satz: Fotosatz Ruderer, Grünkraut
Gesamtherstellung: Himmer, Augsburg

Gedruckt auf chlorfrei gebleichtem Papier

Printed in Germany

96 95 94 93 4 3 2 1

ISBN 3-473-42286-X

Die Deutsche Bibliothek – CIP-Einheitsaufnahme

Rieleit, Peter:
Leistungsstarke Lenkdrachen zum Nachbauen / Peter Rieleit. –
Ravensburg: Maier, 1993
ISBN 3-473-42286-X
NE: HST

Inhalt

Einführung

Das Drachenfliegen, im besonderen das Fliegen von Lenkdrachen, ist in den letzten Jahren zu einem der beliebtesten und populärsten Hobbys avanciert. An sonnigen, windigen Tagen – keineswegs nur im Herbst! – sieht man überall, wo es ein geeignetes Gelände gibt, schon von weitem die farbenfrohen und oft sehr originellen Flugobjekte am Himmel stehen oder in waghalsig anzusehenden Flugmanövern durch die Lüfte sausen.
Wer einmal mit dem Drachenfliegen angefangen hat, wird fast immer zu einem begeisterten Anhänger dieses faszinierenden „grünen" Sports. Und fast ebenso unausweichlich kommt irgendwann der Punkt, an dem man sich nicht mehr mit dem käuflich erworbenen Drachen zufriedengibt, sondern wissen will: Kann ich so ein tolles lenkbares Fluggerät auch selbst bauen?
Bei mir begann alles mit dem Kauf eines billigen Plastikdrachens an einer französischen Tankstelle auf dem Weg zum Atlantik, als ich mit meiner Familie in den wohlverdienten Sommerurlaub fuhr. Es könnte vielleicht Spaß machen, meinte ich, so ein Ding am Strand steigen zu lassen. Beim ersten Flugversuch im starken Meereswind brach sofort das Kunststoffkreuz, der Drachen klappte zusammen und stürzte in den Sand. Also erstand ich beim nächsten Einkauf in der Gartenecke des Supermarkts Bambusrohr, aus dem dann mittels Klebeband ein neues Gerüst für das Plastiksegel wurde. Jetzt hielt der Drachen dem starken Meereswind stand und markierte fortan – am Boden festgemacht – unseren Platz am Strand. Doch erst im Herbst danach wurde angesichts eines prächtigen Drachens am Himmel die Erinnerung an das sommerliche Drachenerlebnis wieder wach. In mir reifte der Entschluß, einen eigenen Drachen zu bauen. Dieser erste selbstgebaute Drachen war zwei Meter hoch, als Leine diente ein Knäuel Verpackungsschnur. Der Wind war böig und kühl, als ich ihn zum ersten Mal aus der Hand zu starten versuchte. Und siehe da, er flog! Immerhin bis auf fünf Meter Höhe – bevor ihn das gleiche Schicksal ereilte wie den französischen Plastikkollegen: Er klappte zusammen und stürzte ab. Doch am nächsten Tag war der Drachen repariert und verstärkt und funktionierte hervorragend.
Das war (im Jahre 1976) der Auftakt zu einer schöpferischen Drachenbau-Periode, aus der schließlich sogar Plastikvögel mit bis zu vier Meter Spannweite hervorgingen. Meine in vielen Jahren erarbeiteten Kenntnisse und Erfahrungen im Drachenbau möchte ich in diesem Buch an Sie weitergeben. Vielleicht springt ja auch ein kleiner Funke meiner bis heute ungebrochenen Begeisterung für den Drachensport über.

Zu diesem Buch

Die für dieses Buch ausgewählten Modelle sind die in meinen Augen wesentlichen von mir entwickelten Drachen. Um möglichst viele Informationen für den Selbstbau an Sie weitergeben zu können, habe ich bewußt auf alles Geschichtliche, theoretische Abhandlungen und Informationen aus der Drachenszene verzichtet. Im Mittelpunkt stehen die Bauanleitungen, die mit Konstruktionszeichnungen und vielen Fotos das Nachbauen leichtmachen sollen. Die mit zahlreichen Schritt-für-Schritt-Detailfotos beispielhaft (Segelaufbau „Taifun", Gerüstbau „Turbotaifun", Tragflächenaufbau „Tractor") dokumentierten Arbeitsabläufe sind immer auch in Verbindung mit den anderen Bauvorschlägen zu sehen. Wenn Sie diese übergreifende Systematik erkannt haben, sind Sie durchaus in der Lage, auch eigene Ideen zu verwirklichen.
Alle meine Drachenkonstruktionen basieren auf den im Handel üblichen Standardmaßen für Gewebe, Stäbe usw. Die Bautechnik unterscheidet sich stark von der herkömmlicher Drachen. So setze ich den Zuziehknoten an möglichst vielen Stellen ein, und ich verzichte großteils auf die üblichen Schlauchsteckverbindungen.
Fast alle Maße sind, wie in der Technik üblich, in Millimetern angegeben. Ungenauigkeiten in der Ausführung machen den Drachen zwar nicht immer gleich reif für die Mülltonne, beeinträchtigen aber die Flugeigenschaften.
Auch Anfänger können mit Hilfe dieses Buches ihren ersten Drachen bauen, wenngleich für einen Großteil der vorgestellten Modelle Vorkenntnisse vorausgesetzt werden. Wenn Sie noch nie einen Drachen gebaut haben, sollten Sie zuerst den allgemeinen Teil genau lesen und dann einen „DüsselDelta" bauen. Den schaffen Sie mit Sicherheit. Wenn alles geklappt hat und Sie den Drachen auch bei starkem Wind beherrschen, dann – so behaupte ich – gehören Sie bereits zu den Fortgeschrittenen.
Ich wünsche Ihnen viel Erfolg beim Nachbauen. Und sollten Sie mal nach Düsseldorf kommen, vergessen Sie Ihren Drachen nicht – vielleicht treffen wir uns irgendwo auf den Rheinwiesen und können unsere Drachen gemeinsam in den Himmel steigen lassen. Ich würde mich freuen!

Ihr Peter Rieleit

Moderne Baumaterialien

Segeltuch

Der wichtigste Teil des Drachens ist das Segel. Um eine hohe Leistungsfähigkeit zu erreichen, muß das Segel luftdicht, möglichst leicht und trotzdem stabil sein. Je leichter und fester das Gewebe, um so besser. Durch die modernen Herstellungsmethoden wird der Gegensatz von Gewicht und Festigkeit heute immer geringer. Um die Reißfestigkeit der Segeltuche zu erhöhen, werden in bestimmten Abständen stärkere Fäden verwoben, wodurch im Gewebe ein Verstärkungsgerüst aufgebaut wird.

Für Lenkdrachen werden nur die modernen Gewebe verwendet. Am meisten verbreitet und auch am preiswertesten sind Nylongewebe. Spinnakernylon hat eine besonders hohe Festigkeit und wird deshalb für alle Hochleistungsdrachen verwendet. Es wird in verschiedenen Gewichtsklassen gehandelt, zum Beispiel 35/48/52/65 g/m^2. Die handelsübliche Bahnbreite beträgt 1,02 m.

Was Haltbarkeit, Festigkeit und Verarbeitungseigenschaften betrifft, sind Polyestertuche eine gute Alternative zu den Nylongeweben. Sie haben sich in den letzten Jahren, mit dem Populärwerden des Gleitschirmfliegens, auch als Trägermaterial für Drachen durchgesetzt. Für große Lenkdrachen können Gewebe aus Folienstreifen mit Beschichtung oder sogenanntes Profiltuch verwendet werden.

Segeltucheigenschaften. Alle Segeltuche sind nachbehandelt, d. h. beschichtet. Diese Beschichtung ist sehr wichtig, denn durch sie werden Winddurchlässigkeit, UV-Schutz, Glätte, Verarbeitungsfähigkeit, die Knittereigenschaften und die Wasserfestigkeit entscheidend beeinflußt.

Die modernen Nylongewebe gelten zwar als wasserfest, doch nicht immer hält die Beschichtung einem Waschgang in der Waschmaschine stand. Ich glaube, viele Segeltuchhersteller haben der Waschmaschinenhaltbarkeit ihrer Gewebe noch keine große Beachtung geschenkt. Daher rate ich Ihnen, jeder beabsichtigten Reinigungsaktion eine Probewäsche mit Reststücken vorzuschalten.

Da die Tucheigenschaften der verschiedenen Fabrikate sehr unterschiedlich sein können, sollten Sie, wenn möglich, bei jedem Drachen nur eine Tuchsorte verwenden. Unterschiedliche Tucharten müssen in jedem Fall symmetrisch verarbeitet werden. Auch bei der Gewebestruktur (Fadenlauf) müssen Sie auf einen symmetrischen Einsatz achten. Die größte Dehnung des Gewebes erfolgt, wenn es diagonal belastet wird, also schräg verarbeitet wurde. Ist die Laufrichtung gerade, so ist die Dehnung am geringsten in der Richtung, in der die meisten Verstärkungsfäden laufen.

Ein Hinweis noch, was die Farben betrifft: Die heute beliebten Leuchtfarben sind alle nicht lichtecht. So sind zum Beispiel Windsäcke, die vielfach in diesen Farben angeboten werden, schon nach einem halben Jahr völlig ausgeblichen.

Segeltuch gibt es in vielen Qualitäten und Farben. Von links: Toraytuch, Teijin Polyestertuch, Carrington Novare, Polyant Elastic, mylarbeschichtetes Tuch, Polyester, Dacron, Profiltuch, gewebte Folie.

Segeltuchhersteller. Die gängigsten Tuche kommen von zwei Firmen: Verseidag-Industrietextilien GmbH in Kempen bei Krefeld ist der Hersteller der Polyant-Segeltuche. Besonders interessant sind die Tuche „Constant" und „Elastic"; letztere Sorte bevorzuge ich. Die gängigen Gewichte sind 32/52/65 g/m^2. Von Carrington in Dewsbury, Grobritannien, kommen die Noware-Segeltuche, z. B. einseitig polyurethanbeschichtet, 42 g/m^2. Sie werden in wunderschönen Farben angeboten.

Rohre und Stäbe

Ein leichtes und dennoch steifes Gerüst kann einen Lenkdrachen sehr schnell und wendig machen. Auch beim Gerüstaufbau ist, wie bei allen Drachenbauteilen, der Gegensatz zwischen Gewicht und Stabilität durch moderne Baumaterialien verkleinert worden.

Die Basis für hochfeste Strukturen bilden Fasern aus

Glas oder Kohlenstoff. Diese Fasern werden mit Kunstharzen gebunden und dann in entsprechende Formen gebracht.
Im Handel dominieren Glasfaser- bzw. Kohlefaserrohre oder -stäbe auf der Basis von Polyester- oder Epoxydharzbindungen. Das Preisverhältnis zwichen Glasfaser- und Kohlefaserrohr ist ca. 1:3. Da Kohlefasern sehr spröde und teuer sind, wird in den meisten Fällen Glasfaser zu den Kohlefasern hinzugegeben. Die Bruchfestigkeit von glasfaserverstärkten (GFK) und kohlefaserverstärkten (CFK) Kunststoffen ist annähernd gleich. Die Steifigkeit jedoch ist bei kohlefaserverstärktem Material deutlich höher.
Für Rohre bzw. Stäbe gibt es verschiedene Fertigungsverfahren, was sich auch auf das Preis-/Leistungs-Verhältnis auswirkt. Sie sollten beim Kauf auf folgende Qualitätsmerkmale achten:
Die Stäbe oder Rohre sollten gerade sein und nur geringe Längentoleranzen aufweisen. Rohre sollten außerdem ineinanderzustecken sein.
Da in erster Linie die Steifigkeit entscheidend ist, sollten Sie sich nicht scheuen, vergleichende Tests vorzunehmen, um das richtige Gefühl für die unterschiedlichen Materialeigenschaften zu bekommen. Dies ist einfach zu realisieren, indem die zu vergleichenden Rohre oder Stäbe gleicher Länge, an einer Tischkante festgespannt, mit einem Gewicht unter gleichen Abständen auf Durchbiegung belastet werden. So ein Test kann sich unter Umständen durchaus bezahlt machen, wenn nämlich schwarzgefärbte GFK-Rohre fälschlicherweise als Kohlefaserrohre angeboten werden.
Da die Forschung auf dem Gebiet der Verbundstoffe noch voll im Gange ist, kann mit weiteren Verbesserungen gerechnet werden. Ein Beispiel für diese Entwicklung ist die Verbindung von CFK- mit Aluminiumrohr.

Handelsübliche Maße. Wegbereiter für die bei Rohren und Stäben handelsüblichen Abmessungen war das holländische RF/RCF-System. Rohre bzw. Stäbe gibt es von 6 bis 22 mm Durchmesser (in den Abstufungen 6/8/10/12/14/18/22 mm) und mit 1000 bzw. 1500 mm Länge.
Da es nicht einfach ist, die Paßgenauigkeit über die gesamte Systembreite einzuhalten, empfinde ich es als besonders wohltuend, daß in diesem System auch die Messing- und Aluminiummuffen zu den Rohren passen. Inzwischen gibt es aber auch bei uns ähnlich leistungsfähige Alternativen.
Rohrmaterial von guter Qualität findet man übrigens auch in den Bereichen „Pfeil und Bogen" und „Angeln". Leider – ebenso wie viele amerikanische Produkte – mit den für uns ungewohnten Abmessungen in Zoll: Rohre für Pfeile beispielsweise von 4,01 bis 6,45 mm Durchmesser und von 645 bis 724 mm Länge.

Gurtbänder

Im herkömmlichen Lenkdrachenbau werden Gurtbänder hauptsächlich als Verstärkung, aber auch als Verbindung des Gerüsts am Bug eingesetzt. Eine gute Idee und aus aerodynamischer Sicht etwas besser als ein Schlauchbug. Dennoch bevorzuge ich, da haltbarer und leichter auszutauschen, für meine Drachen den Schlauchbug.
Gurtbänder in den Breiten 10, 15, 25 und 50 mm setze ich auf vielfältige Weise ein. Zum Beispiel, um Kräfte zu übertragen, um Rohraufnahmetaschen herzustellen oder um Leinendurchgänge am Segel zu stabilisieren. Wichtig ist, daß das Gurtband dicht und fest gewebt und aus einem schmelzbaren Kunststoff hergestellt ist; damit es nicht ausfranst, sollte jedes abgeschnittene Ende verschmolzen werden. Am besten mit dem Gas-

Rohre und Stäbe sind meist aus kohle- bzw. glasfaserverstärktem Kunststoff. Von links: CFK-Stäbe 2, 3, 4 mm; CFK-Rohre 5, 6, 8, 10, 12, 22 mm; GFK-Stäbe 2, 3, 4, 6, 8 mm; GFK-Rohre 6, 8, 10, 12, 14, 18, 22 mm.

Gurtbänder werden vor allem als Verstärkung eingesetzt. Von links: Sicherheitsgurt 50 mm breit, Gurtbänder 40, 25, 15 und 10 mm breit. Das weiße Gurtband ist etwas dicker und anders gewebt als die anderen.

feuerzeug in der blauen Flamme, denn wenn der Kunststoff anfängt zu brennen, wird die Schmelzstelle brüchig und die Haltbarkeit vermindert.

Schläuche

Schläuche werden im Drachenbau in erster Linie für Gerüstverbindungen eingesetzt. Hauptsächlich werden immer noch PVC-Schläuche verwendet, die es in allen möglichen Abmessungen und Ausführungen gibt. Sie alle enthalten einen Weichmacher, der sich nach einiger Zeit verflüchtigt. Das ist der Grund, warum Schlauchverbindungen mit der Zeit ausleiern und dann von einer festen und rutschsicheren Verbindung keine Rede mehr sein kann. Nicht ganz so groß ist das Problem bei der Verwendung von Gummischläuchen.
Diese ganze Problematik vermeide ich durch eine von mir entwickelte Gurtbandaufhängung, die einfach in der Anwendung und sehr effektiv ist (s. zum Beispiel DüsselDelta, Seite 21).

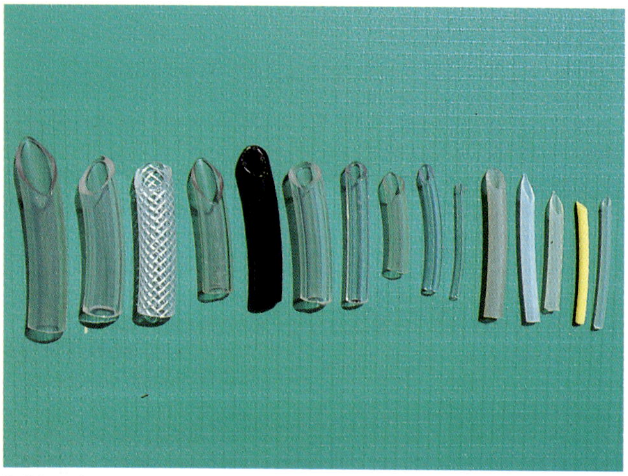

Schläuche werden hauptsächlich für Gerüstverbindungen eingesetzt. Von links: PVC-Schläuche, Gewebeschläuche schwarz und klar, Siliconschlauch, diverse Hartkunststoffschläuche.

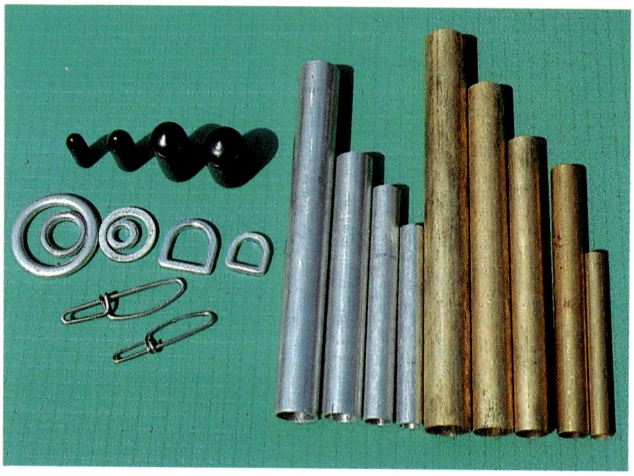

Unverzichtbares Zubehör beim Drachenbau sind u. a. Schutzkappen aus PVC, Aluminiumringe und Drahthaken sowie Verbindungsmuffen aus Aluminium und Messing in verschiedenen Durchmessern.

Muffen, Ringe, Haken usw.

Muffen für Rohrverbindungen und Metallringe sind beim Drachenbau unverzichtbar. Sie sind in der Hauptsache aus Aluminium oder Messing. Wegen des Gewichts sollte die Wandstärke so gering wie möglich sein, doch muß andererseits die Festigkeit groß genug sein; hier muß man einen akzeptablen Kompromiß eingehen.
Eine gute Rohrverbindung ergibt sich, wenn Rohr und Muffe genau ineinanderpassen. Viele Rohre werden allerdings nicht in metrischen, sondern in den für uns so unpraktikablen Zoll-Abmessungen angeboten. Daher ist es oft schwer, Rohre und Muffen in ihren Abmessungen so aufeinander abzustimmen, daß sie ineinanderpassen. So können sich Toleranzen ergeben, die den Sitz der Muffe bestimmen: von wackelig über bombenfest bis verklemmt. Vorteilhaft ist es, die Muffenenden innen mit einer Fase (Kante brechen) zu versehen, um das Rohr vor vorzeitigem Bruch bei Biegebeanspruchung zu schützen. Das ist mit einem großen Bohrer oder einem Messer leicht zu bewerkstelligen. (Einen wirksamen Schutz vor Hohlbruch kann man auch erreichen, indem man in das Rohrende ein Rundholzstück einklebt.)
Ringe bzw. D-Ringe verwende ich für Rohraufhängungen oder für das Zusammenfassen von Waageleinen. Sie sind vorzugsweise aus Aluminium und in verschiedenen Abmessungen und Ausführungen (flach oder gerundet) erhältlich. Die mechanischen Eigenschaften sind ausreichend gut, bei hohen Zugkräften sollte man aber die Kraft nicht über die Ringe, sondern direkt über die Leinen abnehmen. An meinen Lenkdrachen sind Karabinerhaken und Pfeilnocken, wie sie üblicherweise zum Befestigen der Leinen bzw. zum Spannen der Segel verwendet werden, überflüssig. Besser ist es, die Zugkraft an der Waage mit einem Lerchenkopfknoten abzugreifen und das Segel über Gurtbänder zu spannen (s. Taifun, Seite 42).

Drachenleinen

Entscheidend für die Leistungsfähigkeit eines Lenkdrachens ist die Wahl der richtigen Leine. Denn ihre Eigenschaften bestimmen in hohem Maße das Flugverhalten des Drachens mit.
Die Schnelligkeit, mit der ein Drachen fliegt, hängt von der Länge, dem Durchmesser, dem Gewicht und der Oberflächenbeschaffenheit der Leine ab. Auch die Lenkbarkeit hängt mit den genannten Eigenschaften

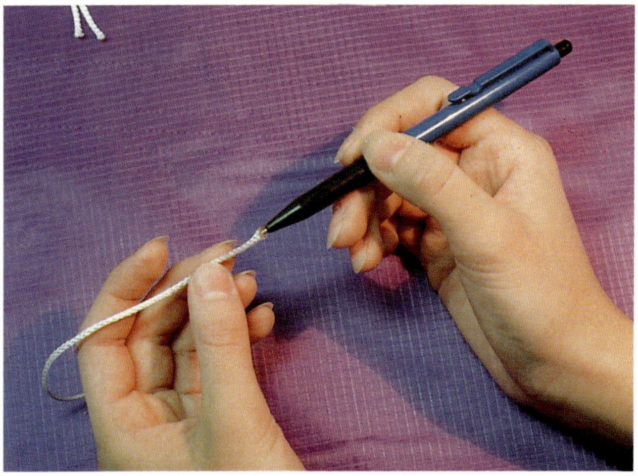

Erhält die Leine einen Schutzüberzug, wird vor dem Einziehen ein Ende des Überzugs verschmolzen und geformt. Mit einem Gasfeuerzeug und einem Kugelschreiber als Formwerkzeug ist das kein Problem.

Das Einziehen der Leine in den Schutzüberzug geht am besten mit einer Stopfnadel. Sie sollte eine stumpfe Spitze haben, dann bleibt sie nicht am Überzug hängen.

Die Wahl der richtige Leine ist für die Flugleistung des Lenkdrachens sehr wichtig. Von links: Kevlarleine von 270 bis 40 daN, Spectra/Dynema mit und ohne Überzug von 40 bis 130 daN, Dacron, Nylon.

zusammen, doch wirklich entscheidend für sie ist die Leinendehnung.

Am wichtigsten aber ist die Zugkraft, die die Drachenleine aushalten kann. Denn erst wenn die richtige Zugkraft für die jeweilige Leine festgelegt wurde, ist ein sicheres und effektives Fliegen des Lenkdrachens möglich. Die Zugkraft wird normalerweise in Newton (N) angegeben. In der Drachenpraxis verwendet man den zehnfachen Wert, also deka-Newton (daN). Dieser Wert kommt der alten, offiziell nicht mehr verwendeten Angabe in Kilopond (kp) ziemlich nahe. Zur Erinnerung:

Kraft = Masse x Beschleunigung
1 N = 1 kg x 1 m/s^2
9,81 N = 1 kg x 9,81 m/s^2; 9,81 N = 1 kp
1 kp = 1 kg x 9,81 m/s^2

Bei amerikanischen Produkten wird die Zugkraft in pound angegeben: 1 lb. = 0,45359 kp.

Die Zugfestigkeit der Leinen wird in Zerreißmaschinen ermittelt. Die so ermittelte Zugkraftangabe kann allerdings nicht ohne weiteres in die Praxis übernommen werden, denn es gibt eine Reihe von Faktoren, die die Zugfestigkeit beeinflussen. Da ist zum einen die Knotenfestigkeit. Jeder Knoten zieht sich zusammen und quetscht dabei Fasern ab. Zum anderen altert die Leine; durch Reib- und Schürfstellen werden mit der Zeit immer mehr Fasern zerstört, die Zugfestigkeit wird also geringer. Ein weiterer wichtiger Faktor ist die UV-Festigkeit. Die energiereichen Sonnenstrahlen zerstören mit der Zeit die Molekülbindungen in der Leine, so daß auch dadurch die Zugfestigkeit beeinträchtigt wird.

Um Lenkleinen besser und länger nutzen zu können, ist es ratsam, nach einer gewissen Zeit die Enden zu tauschen. Damit wird vermieden, daß die Leinen immer an derselben Stelle aneinanderscheuern. Zusätzlich können die Leinen gewachst oder mit Siliconöl imprägniert werden.

Leinenarten und ihre Anwendung. Wegen ihrer hohen Dehnbarkeit sind Nylonschnüre nur bedingt als Lenkleinen zu empfehlen. Besser sind da schon Leinen aus Dacron, die für kleine, einzelne Lenkdrachen – auch aus preislicher Sicht – durchaus zu empfehlen sind. Für Einleiner sind Nylon- oder Dacronleinen in den meisten Fällen sogar zu bevorzugen, denn ihre höhere Dehnbarkeit gleicht Böeneinflüsse aus und erhöht damit die Flugstabilität der Drachen.

Kevlarleine ist für Lenkdrachen nach wie vor die optimale Wahl. Für sie sprechen im besonderen ihre Zugfestigkeit, der hohe Schmelzpunkt und nicht zuletzt das günstige Preis-/Leistungs-Verhältnis. Auch erscheint mir das Handling des griffigen Materials angenehmer. Was allerdings die Brucheigenschaften angeht, so übertrifft ***Spektraleine*** die Kevlarleine. Mit ihrer glatten, wachsartigen Oberfläche ist sie vor allem für Team-

Daten der wichtigsten Leineneigenschaften

Polyamid (PA) z. B. Nylon	Polyester (PES) z. B. Dacron	Polyamid (Aramid) z. B. Kevlar	HM Polyethylen (HPPE) z.B. Spektra/Dynema
Knotenfestigkeit (100 % entsprechen der Festigkeit ohne Knoten)			
Norm-Knoten 30 %	45 %	40 %	41 %
Palstek 45 %	55 % (ummantelt 90 %)	50 % (ummantelt 80 %)	40 % (ummantelt 50 %)
Schlaufe 43 %	50 % (ummantelt 88 %)	48 % (ummantelt 80 %)	50 % (ummantelt 88 %)
Spleiß 80 %	95 %	95 %	90 %
Lichtbeständigkeit			
gut	sehr gut	gut	gut
Vergleichbare Zugfestigkeit (N/tex)			
0,8	0,8	1,9	2,6
Schmelzpunkt (°C)			
215	260	500	150
Bruchdehnung			
22 %	15 %	4 %	3,5 %

flieger das richtige Leinenmaterial. Zwar ziehen sich mit der Zeit Palstek oder Schlaufen stark zusammen, was Befestigungsprobleme zur Folge hat. Doch mit zwei Schlaufenknoten hintereinander ist auch das zu lösen. Ein auf Drachenfesten immer wiederkehrender Diskussionspunkt ist: Soll man nun mit Kevlar-, Spektra- oder Nylonleine fliegen? Einige Drachenfreunde wollen unbedingt nur dieses oder jenes Leinenmaterial gelten lassen. Da aber nicht jeder gleich ausgerüstet ist, wird es leider immer wieder vorkommen, daß eine Kevlarleine eine andere, nicht so schnittfeste Leine kappen wird. In einem solchen Fall sollten die Beteiligten nach der Bergung des Drachens aufeinander zugehen und in ruhigem Ton die Verantwortlichkeit klären. Das Angebot des Verursachers, sich am entstandenen Schaden zu beteiligen, ist wohl selbstverständlich. Als Kevlarleinen-Benutzer sollte man immer, wenn irgend möglich, einen soliden Sicherheitsabstand einhalten und in jedem Fall mit den Nachbarn Kontakt aufnehmen.

Auch wenn ich im allgemeinen zu Kevlarleine tendiere, ist Spektraleine, wenn es um höchste Leistung (Schnelligkeit, Leichtwindflug) geht, zu bevorzugen. Deshalb habe ich immer in der gleichen Stärke auch Spektraleine dabei. Auf diese Weise kann ich Einladungen zu Teamflugübungen jederzeit annehmen und auch auf engem Gelände mitfliegen, ohne einem Drachenfreund den Drachen abzuschneiden.

Bitte bedenken Sie, daß gespannte Leinen nicht ungefährlich sind; sie können schlimme Schnittwunden verursachen. Deshalb sollten Sie Ihren Lenkdrachen nie in der Nähe von Menschen oder Tieren fliegen. Sich selbst kann man gut mit Handschuhen und einer Lederjacke schützen. Ein weiteres Problem sind herumliegende Leinen. Spaziergänger, Fahrradfahrer oder weidende Schafe könnten sich in ihnen verfangen. Ich spreche aus eigener Erfahrung: In meiner anfänglichen Drachen-Sturm- und Drangzeit hatte ich meine erste 75er Kevlarleine am Bodenanker festgemacht und den Drachen startklar aufgestellt. Ein Mofa kam (unerlaubt) über die Wiese gefahren, fing mit den Pedalen beide Lenkseile ein und stürzte. Zum Glück ist nichts passiert. Also: Nicht benutzte Lenkleinen immer sofort aufwickeln!

Werkzeuge und Hilfsmittel

Nähmaschine

Ein wichtiges und – wenn nicht schon vorhanden – wohl auch das teuerste Werkzeug. Wenn Sie sich eine neue Nähmaschine zulegen wollen, sollten Sie sich vorher genau über die Anforderungen an die Nähergebnisse im klaren sein. Die Nähmaschine muß Geradeaus-, Zickzack- und Segelmacherstich (ich nenne ihn Dreifach-Zickzackstich) haben. Wichtig ist auch ein guter Stofftransporteur und ein solider Elektronikanlasser (also nicht einfach ein Vorwiderstand). Die meisten Elektronikanlasser unterstützen den Einstichaugenblick mit einer Erhöhung des Motordrehmoments, so daß die Nadel mühelos auch durch fünf Schichten Dacron sticht.

Vor einem Kauf sollten Sie unbedingt zuerst Nähversuche machen; besorgen Sie sich Spinnaker- und Dacronreststücke, mit denen Sie bei Freunden oder im Fachgeschäft die für Sie in Frage kommenden Maschinen testen. Probieren Sie auch den Umsäumer aus, denn wenn der gut funktioniert, haben Sie später einen optimalen und sauberen Kantenschutz.

Ich habe schon für etwa DM 300,– sehr brauchbare Maschinen entdeckt. Für bis zu DM 500,– erhalten Sie bei einem Kaufhausanbieter leistungsfähige Maschinen in einem guten Preis-/Leistungs-Verhältnis. Und für ungefähr DM 1600,– bekommt man eine Maschine, die keine Drachenbauer-Wünsche offenläßt. Wirklich abzuraten ist von den Billigmaschinen der großen Hersteller, da diese meist von billigen Fremdherstellern sind. In der Spitzenklasse möchte ich die Obertransportmaschine der Firma Pfaff hervorheben, mit der z. B. das Nähen von Rundungen kein Problem mehr ist. Dagegen sind die noch teureren Elektronikmaschinen mit den vielen Sticharten überhaupt nicht zu empfehlen, ebensowenig wie Industrienähmaschinen, die für die Fließbandfertigung gebaut und daher meist zu speziell sind. Sie brauchen außerdem viel Platz, 380-V-Drehstrom, sind rasend schnell und nähen nur geradeaus. Lassen Sie sich deshalb auch von günstigen Gebrauchtmaschinen-Angeboten nicht locken!

Lötkolben

Als beste Methode für den Zuschnitt von Kunststoffgeweben hat sich das Heißschneiden mit dem Lötkolben erwiesen. Es hat den Vorteil, daß die Schnittkanten dabei verschmelzen, also stabil versiegelt sind und nicht mehr ausfransen können. Zum anderen läßt sich durch die Verwendung von Schablonen eine sehr hohe Wiederhol- und Maßgenauigkeit erzielen; auch komplizierte Kurven sind somit kein Problem.

Der Lötkolben sollte eine nicht zu hohe Temperatur besitzen, um den zu schneidenden Kunststoff nicht zu verdampfen oder zu verbrennen. Wegen der niedrigen Temperatur muß die Lötspitze dick sein, um genügend Wärmekapazität zu haben. Ich verwende einen 85-W-Lötkolben. Die dazugehörige flache Lötspitze brauchte

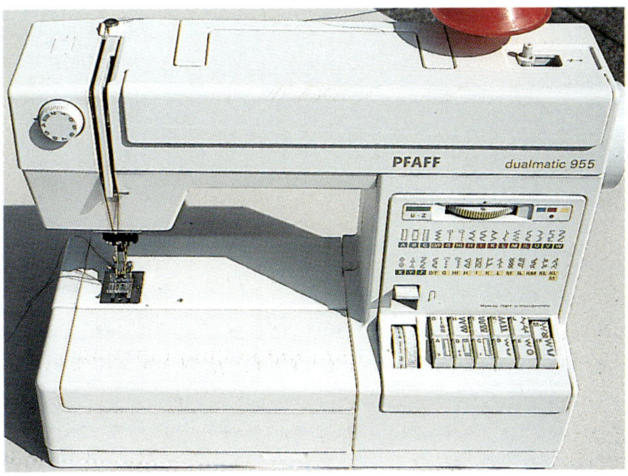

Das wichtigste Werkzeug ist die Nähmaschine. Ideal ist eine Obertransportmaschine (mit doppeltem Stofftransport), die nicht nur schön handlich ist, sondern auch alle für den Drachenbau wichtigen Funktionen aufweist.

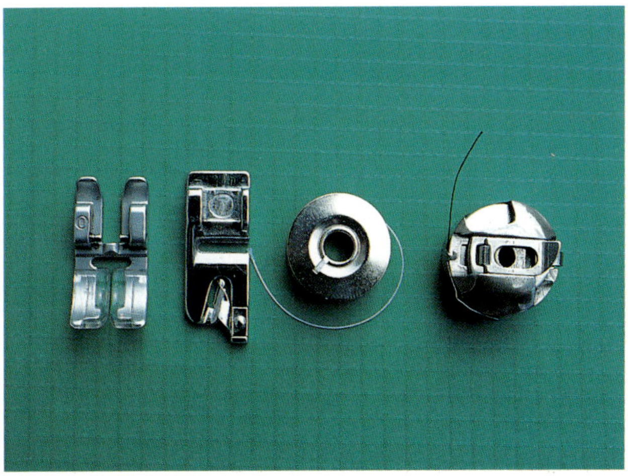

Nähmaschinen-Zubehör (von links): Nähfuß, Saumfuß, Garnspule und Garnkapsel. An der Garnkapsel ist links unten die Feder für die Einstellung der Unterfadenspannung zu erkennen.

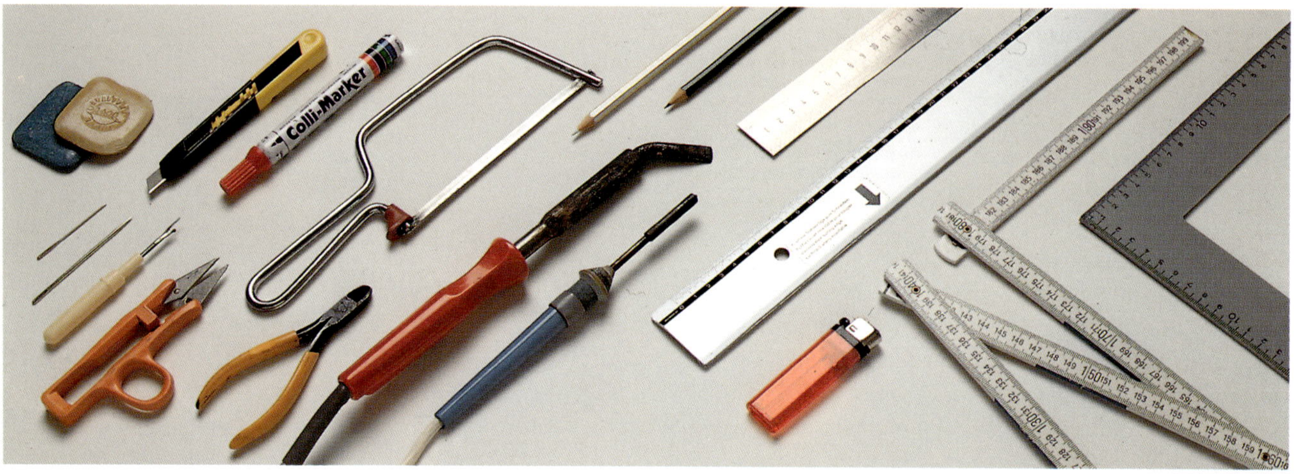

Die meisten Werkzeuge und Hilfsmittel, die man zum Drachenbauen braucht, sind – wenn nicht schon vorhanden – ohne großen Kostenaufwand zu beschaffen. Von links: Schneiderkreide, Cutter, Stopfnadeln, Marker, Nahttrenner, Handsäge für Metall, Spitzschere, Bleistifte, Zange, Lötkolben, Lineale und Winkel aus biegsamem Federstahl, Gasfeuerzeug, Metermaß.

ich nicht mehr zu bearbeiten, alles funktioniert mit diesem Modell auf Anhieb. Zum Freihandausschneiden von kleinen Löchern benutze ich einen kleinen 15-W-Lötkolben. Die ursprüngliche Spitze habe ich entfernt und abgerundet, das Gerät läßt sich wie ein Bleistift halten. Lötstationen mit Temperaturregelung wären eine Alternative, doch leider sind diese Geräte für unseren Zweck zu unhandlich, das Kabel ist meist zu kurz und der Preis ziemlich hoch. Kurzzeit- oder Schnellöter haben keine feste Temperaturvorgabe. Sie sind daher nur zum Durchschmoren von Leinen, nicht aber für den Segelzuschnitt geeignet.
Bitte denken Sie beim Zuschneiden immer daran, daß das Einatmen der Kunststoffdämpfe gesundheitsschädlich ist. Arbeiten Sie nur in einem gut gelüfteten Raum.

Zuschneidetisch

Für das Zuschneiden mit dem Lötkolben braucht man eine geeignete Unterlage. Ich empfehle Ihnen eine mit Resopal beschichtete Spanplatte, die preiswert und auch verhältnismäßig robust ist. Alternativen wären Glas, Stein oder andere aus hitzefesten Materialien bestehende Platten. Metall als Unterlage ist schon wegen der hohen Wärmeleitung problematisch, von den Verarbeitungsschwierigkeiten ganz abgesehen. In meiner Werkstatt habe ich eine Zuschnittfläche von ca. 1,30 m Breite x 2 m Länge, auf die ich mit wasserfestem Filzstift ein Raster aufgezeichnet habe. Die Länge ist in ein 10-cm-Raster aufgeteilt, die Breite durch eine Mittellinie geteilt; symmetrisch zu dieser Mittellinie ist oben und unten je eine Linie angebracht, die die übliche Bahnbreite bei Spinnakertuch von 1,02 m markiert. Zusätzlich könnte man auch, analog zu einem Kurvenlineal, entsprechende Kurven aufzeichnen.
Dieses Raster kommt mir im besonderen dann zu Hilfe, wenn ich die Hilfslinien für die Profile von Parafoils aufzeichnen muß, denn die Maßvorgaben sind in den meisten Fällen durch das Gewebe hindurch sichtbar. In vielen Fällen erübrigt sich dann die Benutzung von Metermaß und Winkel.

Weitere Hilfsmittel

Zum Aufzeichnen der Schnittmuster auf das Segeltuch sind am besten Lineale (1000/1500 mm) und Winkel aus Federstahl geeignet. Sie liegen gut auf und sind wegen ihrer Biegsamkeit auch gut zum Aufzeichnen von Kurven zu gebrauchen. Das Aufzeichnen gelingt am besten mit einem nicht zu harten Bleistift (HB), für dunkle Tuchsorten ist ein weißer Stift angebracht. Für das Anfertigen von Schablonen (bei Parafoil-Profilen sehr empfehlenswert) eignet sich am besten Graukarton.
Beim Nähen hat sich bei mir eine kleine Spitzschere zum Abschneiden der Restfäden sehr gut bewährt. Nahttrenner sollten von guter Qualität sein, gleiches gilt für Scheren und Nadeln. Ich glaube, hier lohnt sich der Besuch in einem Fachgeschäft für Nähbedarf. Ein Gasfeuerzeug benötigen Sie für das Verschmelzen von Leinenenden.
Zum Sägen von GFK-Rohren und -Stäben genügt eine Handsäge für Metallsägeblätter, es sei denn, Sie haben eine Motorsäge mit hartmetallbeschichtetem Sägeblatt. Holzsägeblätter sind wirklich nur für Holz geeignet.
Beim Sägen von faserverstärkten Kunststoffen sollten Sie den Sägestaub am besten gleich absaugen, denn auch er ist gesundheitsschädlich. Ich säge meine Rohre und Stäbe direkt über einem Abfallbehälter.

Arbeitstechniken

Nähen mit der Nähmaschine

Da Drachenbauer in den seltensten Fällen auch Hobbyschneider sind, soll dieses Thema hier etwas ausführlicher behandelt werden.

Die modernen Kunststoffgewebe sind meist sehr rutschig, so daß es einiger Übung bedarf, um ein befriedigendes Nähergebnis zu erhalten. Voraussetzung ist die genaue Kenntnis Ihrer Nähmaschine. Aus diesem Grunde sollten Sie zuerst in aller Ruhe die Bedienungsanleitung lesen und die verschiedenen Funktionen ausprobieren.

Die Nähmaschine näht mit dem Doppelsteppstich, d. h. mit einem Ober- und einem Unterfaden. Beide Fäden werden durch den Greifer, der um die Unterfadenkapsel läuft, miteinander verschlungen, und das möglichst so, daß beide Fäden die gleiche Spannung haben. Die richtige Fadenspannung, die für die Festigkeit der Naht sehr wichtig ist, wird mit dem Fadenspannungseinsteller geregelt. Die Skalierung ist von 1 bis 10 vorgegeben, die Normaleinstellung liegt bei 5. Der Zug des Unterfadens kann mit einer Klemmschraube an der Spulenkapsel reguliert werden. Die Grundeinstellung ist hier etwas schwieriger, weil es keine Skalierung gibt. Ein durchschnittlicher Einstellwert liegt vor, wenn die am Faden hängende Kapsel bei ruckartigem Ziehen am Faden selbständig weiter-, auf keinen Fall aber durchrutscht. Als Nähgarn hat sich im Drachenbau Polyestergarn mit 50 bis 80 tex gut bewährt. Mit tex wird die Garnfeinheit bezeichnet: 1 tex = 1 g/km. Für meine Drachen verwende ich Garn mit 50 tex. Wichtig ist, daß Sie für Ober- und Unterfaden immer ein gleich starkes Garn desselben Fabrikats verwenden.

Die Wahl der richtigen Nähnadel ist ebenfalls wichtig. Die Nadeldicke wird in hundertstel mm angegeben. Mit der robusten 100er Universalnadel mit abgerundeter Spitze sind die allermeisten Näharbeiten gut zu erledigen. Für dünne Tuche sollte die Nadel jedoch dünner sein (70er), denn bei den ersten Stichen besteht immer die Gefahr, daß eine zu dicke Nadel das Tuch durch die Stichplatte schiebt und der Greifer sich verhakt.

Der Nähvorgang. Zuerst wird der Unterfaden nach Bedienungsanleitung auf die Unterfadenspule gewikkelt. Bei größeren Objekten ist es sinnvoll, gleich mehrere Spulen vorzubereiten, um ein zügiges Nähen zu ermöglichen. Legen Sie die Spule nach Vorschrift in die Spulenkapsel ein und führen Sie den Oberfaden durch Fadenführung, Oberfadenspanner und Nadelöhr. Hal-

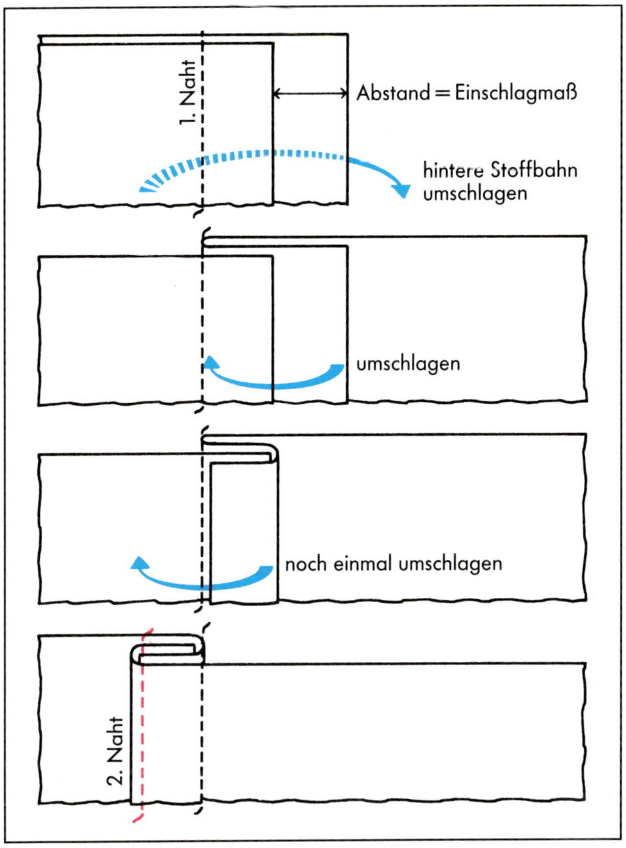

Die Kappnaht ist die haltbarste Naht zum Verbinden zweier Tuchteile. Bei der einfacheren halben Kappnaht sind beide Nahtränder gleich breit, sie werden zusammen einmal umgelegt und aufgesteppt.

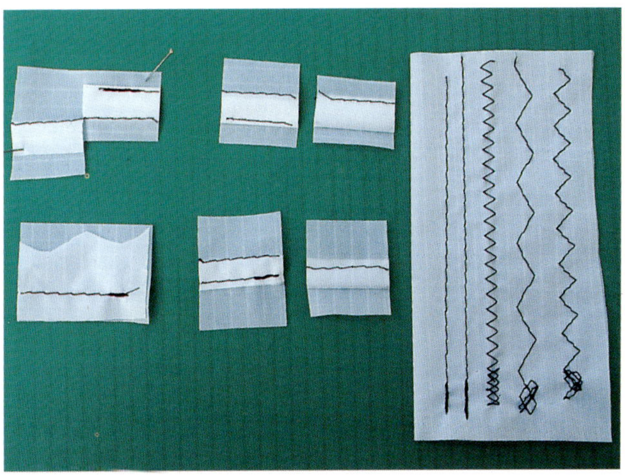

Halbe und ganze Kappnaht, von der Vorder- und Rückseite, teilweise aufgeklappt. Rechts die wichtigsten Sticharten: Geradeausstich, Zickzackstich, Dreifachzickzack mit 4 und 2 mm Tuchtransport.

ten Sie dessen Ende fest und drehen Sie so lange an dem Handrad, bis der Oberfaden den Unterfaden durch die Stichplatte nach oben befördert hat. Ziehen Sie vor allem den Oberfaden weit genug heraus, damit er sich beim ersten Nähen nicht selbst aus dem Nadelöhr ziehen kann.

Stellen Sie jetzt die richtige Stichlänge ein, die bei 3 bis 4 mm liegt. Kürzere Stichlängen sollten nicht benutzt werden, da sie das Segel zu sehr perforieren und damit die Haltbarkeit der Naht in Frage gestellt wäre. Sollte Ihre Nähmaschine trotz richtiger Stichlängeneinstellung nicht den gewünschten Stichabstand erreichen, so liegt das in den meisten Fällen daran, daß das glatte Spinnakertuch vom Transporteur nicht richtig gegriffen wird, sondern durchrutscht. Das kann bei einigen Nähmaschinen durch die Erhöhung des Anpreßdrucks für den Nähfuß vermindert werden. Manchmal steht auch der Transporteur zu tief und muß höher gestellt werden. Auch sollten die Zähne des Transporteurs griffig und sauber sein, denn Nähstaub oder Fadenreste können seine Bewegung behindern.

Wenn nun auch Schere und Nahttrenner (für hoffentlich seltenen Gebrauch) bereitliegen und die Nähmaschine auf Geradeausstich eingestellt ist, kann die erste gerade Naht genäht werden. Das Nähgut wird unter den Nähfuß gelegt und dieser abgesenkt. Den ersten Stich tätigt man am besten mit dem Handrad, dann wird der Anlasser sachte mit dem Fuß niedergedrückt, und siehe da – Stich für Stich entsteht eine schöne, gerade Naht. Durch einen Hebel oder eine Taste kann die Nährichtung geändert, die Maschine sozusagen in den Rückwärtsgang umgeschaltet werden. Das Rückwärtsnähen ist wichtig für das Verriegeln der Nähte am Nahtanfang und am Nahtende, damit sich die Naht nicht von allein wieder auftrennen kann.

Der wichtigste Nähvorgang ist das Zusammennähen zweier Tuchbahnen. Am haltbarsten ist die sogenannte ***Kappnaht***. Die beiden Bahnen werden so aufeinandergelegt, daß der Nahtrand der unteren Bahn etwa 5 mm breiter ist als der der oberen. Nach der ersten Naht wird der breitere Nahtrand um den schmaleren Rand eingeschlagen und dann schmalkantig mit einer zweiten Naht aufgesteppt. In vielen Fällen genügt auch die ***halbe Kappnaht***, die nicht ganz so aufwendig ist. Hier werden die gleich breiten Nahtränder nur umgelegt und aufgesteppt, auf das Einschlagen wird verzichtet. Wird eine Tuchbahn auf eine andere Bahn aufgenäht, kann in den meisten Fällen zur Nahtverstärkung der ***Dreifach-Zickzackstich*** (Segelmacherstich) eingesetzt werden. Da er mehr Tuchfläche einschließt, wird die Nahtbelastung verteilt, die Naht kann also mehr aushalten und ist dehnbarer als eine Naht mit Geradeausstich. Mit dem Dreifach-Zickzackstich können Sie auch die zweite Naht bei der halben Kappnaht ausführen.

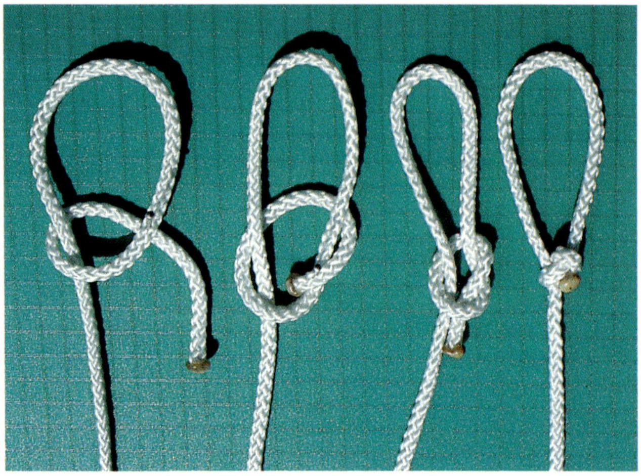

Der wichtigste Knoten in diesem Buch ist der Zuziehknoten, den Sie gründlich üben sollten. Das Leinenende ist mit einer Schmelzperle versehen – zur Verriegelung des Knotens unbedingt notwendig.

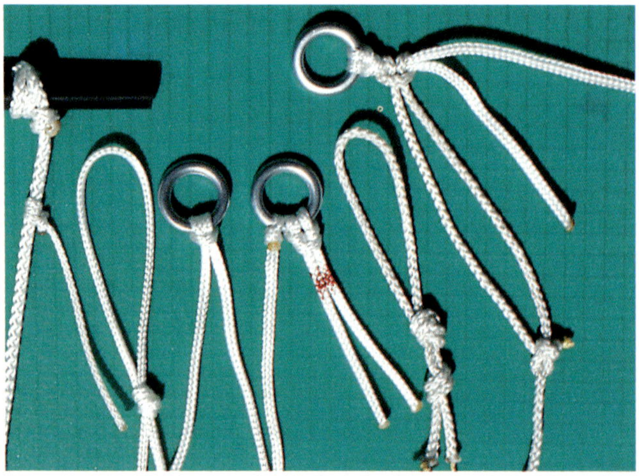

Knotenanwendungen (von links): Leinenbefestigung an Rohr oder Leine mit Zuziehknoten; Schlaufe einfach geknotet; Lerchenkopfknoten einfach und doppelt mit zusätzlicher Leine mit Zuziehknoten; Schlaufe doppelt geknotet; Schlaufe mit Palstek als Befestigung am Waagering.

Wegen der besseren mechanischen Belastbarkeit sollten die Segelränder immer mit einem Saum versehen sein. Dies kann ein einfach, besser jedoch ein zweifach eingeschlagener Saum sein. Den Saum mit der Hand einzuschlagen ist, besonders bei schmalen Säumen, eine umständliche und langwierige Arbeit. Hier kann ein Umsäumerfuß, den ich Ihnen unbedingt empfehlen möchte, sehr hilfreich sein. Zugegebenermaßen erfordert der Umgang mit diesem Spezialfuß einige Übung, und leider funktionieren auch nicht alle Umsäumerfüße mit Spinnakertuch, da sie für normalen Stoff ausgelegt sind. Man sollte also erst einmal mit einem normalen Gewebe üben. Der Transporteur steht dann am besten in seiner unteren Stellung, damit der Stoff gut unter die Nadel kommt. Wichtig ist die richtige Stoffeinführung, damit der Saum auch gleich am Anfang doppelt umgelegt wird. Dazu falzt man den Saumanfang etwa 3 bis 4 mm um und schiebt ihn in den Saumfuß. Unter leichtem Ziehen an den beiden Fäden (das unterstützt den richtigen Einzug in die Schnecke) beginnt man zu nähen.

Knoten und Spleißen

Wenn Leinen als Verbinder dienen, werden die Verbindungen mit Knoten hergestellt. Die Knotentechnik ist eine Wissenschaft für sich, denn es gibt Hunderte von verschiedenen Knoten und ganze Bücher darüber.

Ungeachtet dessen stelle ich hier die Behauptung auf, daß nicht mehr als drei Knotentechniken vollkommen ausreichend sind, um alle beim Lenkdrachenfliegen auftretenden Verbindungsprobleme zu lösen.

Knoten dürfen sich unter Belastung nicht öffnen, sollten sich aber andererseits bei Bedarf leicht lösen lassen. Sie sollten außerdem nach Möglichkeit die Bruchlast der Leine nicht stark verändern.

Zuziehknoten (auch Laufschlinge oder Gleitknoten genannt). Er ist der mit Abstand wichtigste Knoten. Er wird hergestellt, indem man zunächst eine Schlinge (Bucht) bildet und das freie Ende mit einem normalen Knoten um die Leine knotet. Die so entstandene Schlinge zieht sich unter Zug zu. Sie würde sich allerdings wieder lösen, wenn sich nichts in der Schlinge befinden würde.

Damit sich der Knoten unter Zugbelastung nicht löst, muß er gut verriegelt sein. Da Waage- oder Verbindungsleinen aus Dacron oder Nylon sind, ist eine ***Schmelzperle*** am Leinenende die effektivste Verriegelung. Zunächst wird das Leinenende ungefähr 5 mm weit aufgedröselt, bevor man die nun freiliegenden Fäden langsam (ohne daß sie brennen) in der blauen Flamme des Gasfeuerzeugs zu einer Perle verschmilzt. Dieser Vorgang ist unbedingt zu üben, damit Sie immer wieder das gleiche Resultat erzielen: eine saubere, immer gleich große Schmelzperle, die eine immer gleich große Materialmenge beinhaltet. Auf diese Weise kann man rationell reproduzierbare Leinenverbindungen schaffen, ohne daß etwas nachgestellt oder abgeschnitten werden müßte.

Das Öffnen der Zuziehknoten ist im allgemeinen leicht. Etwas schwerer wird es nur dann, wenn der Knoten längere Zeit unter starker Belastung stand.

Bei Leinenbefestigung an Rohren ist es oft sinnvoll, ein kleines Stück Kunststoffschlauch als Rutschsicherung über das Rohr zu schieben. Ohne diese Sicherung kann man eine ausreichende Rutschfestigkeit erreichen, indem das Rohr zusätzlich zweimal umschlungen wird.

Eine schnelle Anleinung von Nebendrachen oder Turbinen bzw. Windsäcken an einem Hauptseil ist kein Problem, wenn Sie auch hier das Nebenseil zusätzlich zweimal um das Hauptseil schlingen, bevor der Zuziehknoten hergestellt wird. Optimal ist es, wenn der Zuziehknoten in Zugrichtung zeigt. Will man den Anknüpfpunkt verschieben, wird der Zuziehknoten gelockert und auf der Leine dann zum gewünschten Punkt hin verschoben.

Lerchenkopfknoten (auch Bucht genannt). Dieser Knoten ist ideal, um Ringe oder Karabiner an einer Leine zu befestigen. Deshalb wird er hauptsächlich als Fixpunkt für die Waage eingesetzt. Der einfache Lerchenkopfknoten genügt allerdings nicht; erst wenn er anderthalbfach oder doppelt geschlagen wurde, ist genug Eigenreibung vorhanden, damit sich die Waage nicht mehr selbst verstellen kann. Merkwürdigerweise ist selbst Profis diese simple Tatsache oft nicht bekannt.

Schlaufe. Ein- oder zweimal normal verknotet, ergibt sie eine gute Sicherung von Seilenden. Sie kann in einen Lerchenkopfknoten umgewandelt und am Ring der Waage befestigt werden. Das empfiehlt sich im besonderen für Kevlar- oder Spektraleinen, die an den Enden ummantelt sind. Bei den glitschigen Spektraleinen sollte die Schlaufe unbedingt zweimal verknotet werden, um ein Zusammenziehen auszuschließen.

Palstek. Er bildet ebenfalls eine Schlaufe, die sich nicht zusammenzieht. Wenn er doppelt geschlagen wird, belastet er das Seil etwas günstiger als die verknotete Schlaufe, ist aber übungsbedürftig.

Alle anderen Knoten können natürlich ganz interessant sein, sind aber, wie gesagt, im modernen Drachenbau nicht notwendig.

Spleißen. Eine wichtige Sache, wenn es um eine glatte, feste Verbindung zweier Leinenenden geht. Ist zum Beispiel eine Leine gerissen, kann sie zwar mit allerlei Knoten wieder verbunden werden, aber die Bruchlast wird dadurch stark verringert. Das Spleißen zweier Seilenden geht besonders gut mit geflochtenen Leinen, da sie innen hohl sind. Die beiden Leinenenden werden jeweils in den Kern des anderen Leinenstücks eingezogen (10 bis 20 cm pro Ende), praktisch ineinandergesteckt. Unter Zug wird der Kern zusammengepreßt und umklammert dann die Leine. Bei Spektraleine ist es sinnvoll, die Leinenenden zum Schluß mit Hilfe einer Nadel S-förmig durch die Leine zu führen, um ein Durchrutschen zu verhindern.

Auch für die Bildung einer Schlaufe am Seilende ist das Spleißen sehr gut zu gebrauchen. Der Nachteil ist, daß es nicht ohne eine spezielle Spleißnadel (mit einem Klappmechanismus an der Nadelspitze) zu bewerkstelligen ist und in eine ziemlich diffizile Fummelei ausarten kann, besonders bei dünnen Leinen. Man sollte dann besser mit Schutzüberzügen arbeiten, statt zu spleißen. Wenn Sie eine Spleißnadel erwerben wollen, dann geben Sie am besten gleich das Geld für einen sogenannten „Spleißset" aus. Darin sind, außer einer genauen Spleißanleitung, auch verschiedene Schutzüberzüge enthalten.

Waageeinstellung

Die Waage stellt die Verbindung zwischen Drachen und Lenkleine her. Damit ein Lenkdrachen gut fliegt, muß sie optimal eingestellt sein. Über die Einstellung der Waage wird der Anstellwinkel festgelegt, und die Zugkraft, die der Drachen entwickelt, wird durch die Waage übernommen. Der Anstellwinkel kann steiler (dann zeigt die Bugspitze mehr nach oben) oder flacher eingestellt werden. Unbedingt notwendig ist ein symmetrischer Waagenaufbau. Denn jede noch so geringe Abweichung wird sich im Flug bemerkbar machen.

Die Befestigungen der Waageseile wie auch die Einstellung der Waage dürfen sich im Flug unter der Belastung nicht verändern. Dies gilt ebenso für die Form des Drachens. Die Tragfläche muß eine ausreichende Profilierung aufweisen. Ein guter Mittelwert sind ca. 5% Segelüberstand bei gestrecktem Segel. Das heißt, der Bugwinkel ist 5% größer, wenn die Spreizen entfernt sind und das Segel gestreckt ist.

Die Grundeinstellung für die Waage sollte so sein, daß das durchhängende Segel mindestens parallel zum Boden hin verläuft, wenn der Drachen an den beiden Zugpunkten festgehalten wird und mit der Bugspitze gegen den Wind zeigt (s. auch Seite 25, Abb. 8). Die beiden Zugpunkte der Waage sollten mit der halben Spannweite der Spreize voneinander entfernt sein. Je größer dieser Abstand, desto größer sind Lenkbarkeit und Drehfreudigkeit des Drachens. Doch mit dem größeren Abstand biegt sich auch die Spreize, und der Drachen verändert seine aerodynamische Form; er wird ineffektiver und damit langsamer.

Das feststehende Waageseil sollte mindestens so lang sein wie die längste Stablänge zwischen zwei Waagebefestigungen. Denn eine zu kurze Waage belastet das Gerüst stärker mit Druck- als mit Zugkräften. Das Gerüst würde sich schneller verformen und der Drachen seine optimale Leistung nicht erreichen. Ein Vorteil der langen Waage ist auch der größere Toleranzbereich im Einstellpunkt. Nachteile dagegen sind ein höherer Windwiderstand und größerer Materialverbrauch.

Ist die Grundeinstellung der Waage und eine Kontrolle der allgemeinen Funktionsbedingungen vorgenommen worden, erfolgt die Feineinstellung. Je nach Waagenaufbau kann der optimale Einstellpunkt bei +/— 2 bis +/— 10 mm liegen. Die Einstellung sollte immer in bezug auf eine feste Seilmarkierung vorgenommen werden (ich selbst bevorzuge eine Markierung 10 mm vor der Waagebefestigung am Ring oder Karabiner) und in 5-mm-Schritten erfolgen. Sehr nützlich ist hierbei ein nicht verrutschender, dennoch lösbarer Knoten, wie es der Lerchenkopf- oder Buchtknoten ist. Wichtig ist, ihn doppelt zu schlagen.

Ein Deltadrachen mit der oben beschriebenen Grundeinstellung ist normalerweise etwas zu flach eingestellt; der Drachen hat dann im Flug die Neigung „abzuschmieren". Das heißt, im Grenzbereich über Kopf oder an den Seiten reißt die Strömung bei Lenkbewegungen ab, es kommt zu einem Flatterabsturz. Auch wird man feststellen, daß keine engen Kurven ohne Strömungsabrisse fliegbar sind. Die Einstellung ist dann durch Steilerstellen zu optimieren. Dann fliegt der Drachen auch Loopings um die Flügelspitzen ohne Strömungsabrisse. Im Geradeausflug dagegen ist er etwas langsamer. Auch sind die Leichtwindeigenschaften mit dieser Einstellung nicht am besten, was aber auf keinen Fall heißt, daß die Einstellung zu steil wäre. Wäre das der Fall, wäre der Drachen nur noch bei Starkwind startbar und würde eine relativ hohe Zugkraft bei nur noch mäßiger Geschwindigkeit entwickeln. An einem bestimmten Punkt der Waageeinstellung wird der Drachen dann unkontrollierbar und dreht sich auf der Stelle. Er schlägt in einer solchen Situation dann oft mit den Seitenrohren auf den Boden, was zur Folge haben kann, daß ein zerbrochenes Rohr ausgewechselt werden muß.

Trotz solcher Gefahren sollte jeder Drachenflieger die über die Waageeinstellung zu erzielenden Möglichkeiten so lange ausprobieren, bis er für seinen Drachen das Optimum erreicht hat.

Eine Besonderheit ist die Waageeinstellung bei Kettendrachen. Bei einer Lenkdrachenkette wird am vorderen Drachen die Grundeinstellung für optimalen Leichtwindflug vorgenommen, die beiden letzten (oder auch nur der letzte) Drachen werden steiler eingestellt. Durch diese Vorgehensweise wird ein Nachziehen der letzten Drachen vermieden. Bei großen Ketten müssen die Verbindungsleinen möglichst wenig Dehnung aufweisen, sonst fliegt die Kette unsauber und instabil. Die Zwischenbefestigungen sollten mit ihrer Zugkraft keinen Einfluß auf das Gerüst der einzelnen Drachen ausüben. Am besten ist es, wenn jeder Drachen einzeln an den Zwischenbefestigungsseilen befestigt ist.

Starten, Fliegen, Landen

Gelände und Wind

Leider wird es immer schwieriger, ein geeignetes Gelände zum Drachensteigenlassen zu finden. Falls Sie in Ihrer Umgebung den richtigen Platz noch nicht entdeckt haben, gibt es sicher in ihrer Nähe einen Drachenladen und dort auch die entsprechenden Informationen. Ideal für den Drachensport ist ein großes, freies Gelände mit guten, gleichbleibenden Windverhältnissen. Oft hat der Anfänger Schwierigkeiten, die örtlichen Windverhältnisse richtig einzuschätzen, und stellt sich mit seinem Drachen in windschattige Ecken oder dorthin, wo Wirbel und Turbulenzen vorherrschen. Im Sommer gibt es zudem thermischen Bodenwind, der auch aus unterschiedlichen Richtungen kommen kann. Bitte unterschätzen Sie am Anfang ihrer Flugerfahrungen nicht die Kraft von stärkeren Winden. Gerade die in diesem Buch von mir vorgestellten Taifun-Drachen entwickeln dann sehr hohe Geschwindigkeiten und Zugkräfte. Klar sollte bei starkem Wind auch sein, daß typische Leichtwinddrachen in der Drachentasche bleiben müssen.

Sicherheit

Das Drachenfliegen wird im allgemeinen als ein ungefährliches Hobby angesehen. Doch ist das nur der Fall, wenn es sachgerecht ausgeübt wird. Deshalb möchte ich hier ausführlich auf die Verhaltens- und Sicherheitsregeln hinweisen, die es unbedingt zu beachten gilt:

- Fliegen Sie Ihren Drachen nur dort, wo Mensch und Umwelt nicht gefährdet sind. Also nicht auf von Spaziergängern stark frequentiertem Gelände, in der Nähe von bewirtschafteten Ackerflächen oder in Natur- bzw. Landschaftsschutzgebieten.

Start mit einer netten Helferin. Die Leinen stehen unter leichtem Zug, und der Drachen (ein Turbo Taifun) wird seitlich nach oben geschleudert; so erhält er eine gute Anfangsgeschwindigkeit.

- Fliegen Sie nur bei Windstärken, bei denen Sie Ihren Drachen voll unter Kontrolle haben.
- Ein guter Drachenpilot überprüft vor jedem Start seine Gerätschaften und wechselt schadhafte Teile rechtzeitig aus. Besondere Vorsicht ist bei neuem und unerprobtem Gerät geboten.
- Die Leinen stehender Drachen sollten mit einem Fähnchen in Augenhöhe gekennzeichnet sein.
- Fliegen Sie Ihren Lenkdrachen mit ausreichendem Sicherheitsabstand zu Einleinern.
- Haben Sie versehentlich die Leine eines anderen Drachens durchschnitten, landen Sie sofort den eigenen und helfen bei der Bergung des gekappten Drachens. Eine Entschuldigung und das Angebot der Schadensregulierung sollten selbstverständlich sein.
- Leinen können böse Schnittwunden verursachen. Tragen Sie beim Einholen immer geeignete Handschuhe.
- Fliegen Sie Ihren Lenkdrachen nie flach über die Köpfe von Mensch und Tier hinweg.
- Halten Sie Abstand von Autobahnen, Gleiskörpern und Stromleitungen. Sollte sich trotz aller Vorsicht der Drachen in einer Stromleitung verfangen, niemals die Leinen berühren. Sind sie nämlich feucht, leiten sie Strom, und es besteht Lebensgefahr. Sofort die Gefahrenstelle sichern und die Feuerwehr benachrichtigen.
- Im Umkreis von Flughäfen (3 km Radius, bei Großflughäfen 6 km) ist das Fliegen grundsätzlich untersagt.
- Fliegen Sie niemals Drachen bei Gewitter, auch nicht unmittelbar danach; die Leinen wirken wie Blitzableiter.
- Ohne eine besondere Höhenfreigabe sind in Deutschland nur 100 m Leinenlänge erlaubt.
- Das Fliegen in Landschafts- und Vogelschutzgebieten ist untersagt.
- Lassen Sie keinen Abfall auf dem Flugfeld zurück.

Start

Ist Ihr Drachen vorbereitet und hat der Wind eine mäßige Geschwindigkeit, steht dem ersten Start nichts mehr entgegen. Überprüfen Sie noch einmal, ob alles richtig befestigt ist und sich keine Verschlingungen gebildet haben.

Alleinstart. Stellen Sie den Drachen gegen den Wind. Vorteilhaft ist es, den Bug mit einem Stab oder Stein oder einer anderen Erhöhung zu unterstützen (Abb. oben). Dadurch richtet sich der Drachen beim Start selbst auf und steht stabil gegen den Wind. Am Strand ist es oft einfacher, wenn man lediglich die Hinterkante mit etwas Sand beschwert (Abb. Mitte).

Befestigen Sie die Lenkleinen an den Waageringen entweder mit Karabinerhaken oder indem Sie einen Lerchenkopfknoten vor den Ring legen. Letzteres ist bei zugkräftigen Drachen oder Gespannen zu bevorzugen. Wickeln Sie ca. 30 m Leine ab. Mit einem (bei wenig Wind kräftigen) Ruck starten Sie nun den Dra-

Alleinstart mit gestütztem Drachen. Der Drachen wird vom Wind gegen die Stütze gedrückt und richtet sich beim Anziehen der Lenkleinen von selbst auf.

Alleinstart mit sandbeschwertem Drachen. Am Strand ist diese Startmethode ideal. Für stablose Parafoil-Lenkdrachen ist das überhaupt die beste Startmöglichkeit.

Alleinstart bei ausreichender Windstärke. Legen Sie den Drachen flach auf den Boden. Dann ziehen Sie die Lenkleinen leicht an und starten den Drachen mit einem kräftigen Ruck oder durch Rückwärtslaufen.

chen. Fliegen Sie zuerst in der Hauptwindrichtung etwas hin und her, um das richtige Gefühl für das Flugverhalten Ihres Drachens zu bekommen.
Flexible Drachen können bei wenig Wind einfach auf den Rücken gelegt und durch einen behutsamen Ruck mit Luft gefüllt werden. Bei starkem Wind muß die Hinterkante gut beschwert werden, damit das Segel nicht wegweht. Gewinnen Sie zunächst Höhe, indem Sie sich rückwärts bewegen. Ist eine vernünftige Höhe erreicht, beginnen Sie den Drachen hin und her zu fliegen. Erst durch die Eigenbewegung bekommt der Drachen den optimalen Flugwirkungsgrad und gute Lenkeigenschaften. Normalerweise ist es aber am einfachsten, flexible Drachen aus der Hand zu starten, wenn die Leinen auf Rollen aufgewickelt sind.
Start mit Helfer. Mit einem Helfer geht natürlich alles besser. Die schnellen Lenkdrachen werden am besten unter leichtem Zug seitlich auf o.k.-Kommando vom Helfer weggeschleudert (Abb. Seite 17) und haben auf diese Weise eine gute Startgeschwindigkeit und Flugfähigkeit. Den Drachen lasch über den Kopf zu halten und in den Wind zu stupsen, ist kein guter Stil. Ein flexibler Drachen muß vom Helfer immer an der Lufteintrittskante gehalten werden. In den meisten Fällen genügt es, wenn er einseitig außerhalb der Waage festgehalten wird, bis sich die Kammern mit Luft gefüllt haben und die Tragfläche sich entfaltet hat. Skulpturdrachen müssen erst mit Luft gefüllt sein, bevor der Start erfolgen kann, der übrigens am besten mit zwei Helfern an den Tragflächen gelingt: Auf Kommando heißt es für sie loslassen, alles andere ist dann Sache des Piloten.

Fliegen und Landen

Sobald Sie an der rechten Leine ziehen, wird Ihr Lenkdrachen nach rechts fliegen, und solange sie diesen Zug aufrechterhalten, fliegt er Kreise (Loopings) – bei der richtigen Leine problemlos fünf- bis zehnmal. Um wieder in die Ausgangsstellung zu gelangen, wird die linke Leine gezogen und die rechte in ihre ursprüngliche Stellung gebracht. Je stärker der Zugimpuls ausgeführt wird, desto schneller reagiert der Drachen. Je nach Zuglänge ändert sich der Radius des Loopings.
Oft kommt es ganz unabsichtlich zu einem Looping-Manöver, und meist gelingt dann nur mit Ach und Krach der Gegen-Looping. Die meisten Anfänger haben starke Probleme, wenn der Drachen abwärts fliegt, denn dann kehrt sich die Wirkrichtung der Lenkbewegungen um. Und da alles in Bewegung ist, bleibt wenig Zeit für die richtige Reaktion. Einen Looping sollten Sie also erst versuchen, wenn Sie Ihren Drachen sicher hin und her fliegen können.
Bei gutem Wind und in der Hauptwindrichtung ist das Lenken eines Drachens einfach und leicht. Bei wenig Wind und in den Flug-Randbereichen Ihres Lenkdrachens ist mehr Fingerspitzengefühl angesagt.
Als Anfänger sollten Sie nie zu weit nach rechts oder links oder über Kopf fliegen, denn dann hat der Drachen nicht mehr den optimalen Anstellwinkel und ist im Flugverhalten instabiler. Befindet sich der Drachen in den Grenzbereichen, also über einem oder an den Rändern des Windfensters, müssen Sie den Wind unterstützen, indem Sie zurückgehen oder parallel an den Leinen ziehen, oder nur teilweise parallel ziehen und dadurch eine Lenkbewegung zum Hauptwindbereich erzielen.
Am Anfang hat man es leichter, wenn man den Drachen an längerer Leine fliegt. Bei genügend Übung macht das Fliegen mit kürzeren Leinen mehr Spaß. Der Düssel-Delta beispielsweise zeigt erst dann so richtig, wieviel Temperament in einem Rheinländer stecken kann.
Sollte es einmal Probleme beim Fliegen geben oder ist der Drachen sogar außer Kontrolle geraten, ist es am besten, einfach die Lenkgriffe loszulassen. Dadurch verliert der Drachen seine Geschwindigkeit und Zugkraft. Allerdings ist diese Vorgehensweise nur dann zu empfehlen, wenn durch den herunterfallenden Drachen nichts passieren kann. Es ist sicher sinnvoll, dieses Vorgehen für den Ernstfall zu trainieren.
Die Landung eines Lenkdrachens wird eingeleitet, indem er seitlich aus dem Wind geflogen wird. An den Seiten läßt sich der Drachen problemlos langsam absenken und dann sicher landen. Hat man genug Übung, kann durch ein paar Schritte vorwärts der Drachen an beliebiger Stelle auf den Boden gesetzt und von dort bei Bedarf wieder gestartet werden.
Bei flexiblen Drachen ist die Landung fast schwieriger als der Start. Denn bei frischem Wind ist es nicht leicht, das Segel am Boden zu halten. Sobald der Drachen sicher am Boden ist, heißt es, die Beine in die Hand zu nehmen und ihn zu bergen, ehe er weggeweht wird.

Universaldrachen

Mit den im folgenden vorgestellten Delta-Modellen ist eine große Bandbreite der Anwendung möglich. Darum spreche ich diesen Drachen einen universellen Charakter zu.

Auf den DüsselDelta trifft das im besonderen Maße zu. Er ist sehr einfach zu bauen und hat Flugeigenschaften, mit denen einerseits der Anfänger gut zurechtkommt, aber auch der Geübte bei starkem Wind und kurzer Leinenlänge die Grenzen seiner Leistungsfähigkeit erreichen kann. So gut er als Einzeldrachen ist, so verlockend ist es aber auch, mit dem DüsselDelta Gespanne aufzubauen und deren Zugkraft (und Schönheit) durch die Anzahl der verketteten Drachen beliebig zu steigern.

Möchte man einen größeren Einzeldrachen mit etwas mehr Zugkraft in den Händen halten, empfehle ich den ebenso einfach zu bauenden DüsselPower. Und wer ein armeausreißendes Modell bevorzugt, mit dem man sich bis zur Erschöpfung abrackern kann, trifft mit dem großen (2600 mm Spannweite) und schnellen DüsselTempo die richtige Wahl.

Einschränkend muß ich jedoch zugeben, daß der langsame Präzisionsflug, wie ihn Teamflieger lieben, mit diesen Drachen nicht möglich ist. Dieses Feld wird durch andere Drachentypen, die hier nicht beschrieben werden, abgedeckt.

Bei den Bauanleitungen ist nicht jeder Arbeitsschritt mit einem Foto dokumentiert, weil ihr Bau doch recht einfach und problemlos ist. Sind Sie dennoch einmal unsicher, schauen Sie sich am besten die ausführlichen Bauanleitungen für die Taifun-Drachen an.

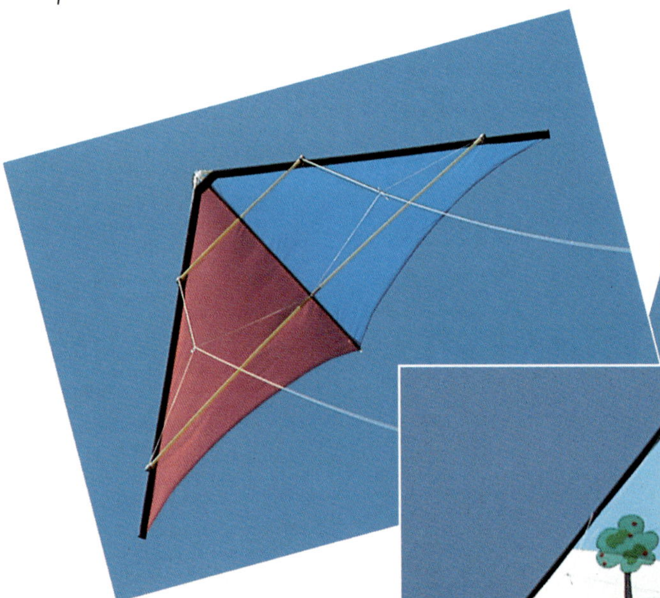

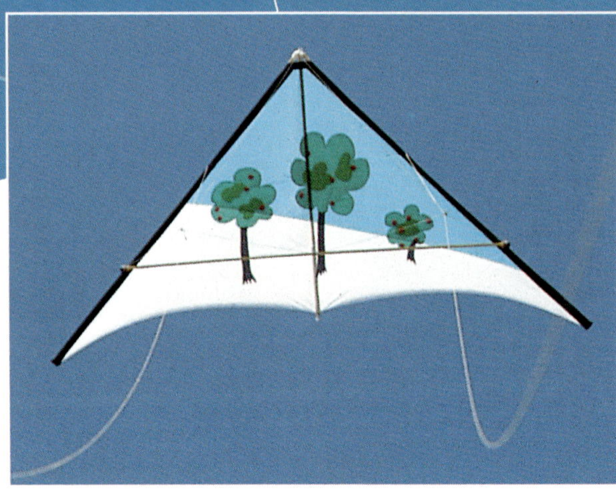

DüsselDelta

Das Konzept für diesen kleinen, leicht zu fliegenden Lenkdrachen ist im Sommer 1987, anläßlich eines Baukurses mit Kindern, in Düsseldorf entstanden. Im Frühjahr 1990 habe ich meine damit gemachten Erfahrungen, unter Berücksichtigung der modernen Materialien, in ein modifiziertes Konzept einfließen lassen.
So entstand ein universell verwendbarer Lenkdrachen, der in einem großen Windbereich fliegt und genau zu lenken ist. Er läßt sich außerdem gut starten und landen, bei starkem Wind erreicht er eine hohe Fluggeschwindigkeit. Auch ist er hervorragend für den Gespannflug (s. Seite 38) geeignet.
Neu am DüsselDelta sind die Spreizrohr- und die Mittelrohrbefestigung. Letztere erfolgt mit einem kurzem Abstandsseil. Diese Befestigungsart verbessert die Lenkbarkeit und ermöglicht außerdem eine optimale Einstellung der Tragflügelwölbung: Durch die flexible Verbindung kann das Spreizrohr etwas verlängert werden, wenn die Flügelwölbung leicht verringert und damit die Geschwindigkeit erhöht werden soll.
Die Spreizrohrbefestigung ist eine Weiterentwicklung der entsprechenden Befestigung bei der Taifun-Serie. Anstelle des D-Rings wird eine Endschutzkappe in die Schlaufe der Seitenrohraufhängung, die das Spreizrohrende direkt aufnimmt, eingeklebt. Um Schlaufe und Endkappe wird mit einem Zuziehknoten die Waageleine befestigt, so daß unter Zugbelastung eine Klemmverbindung für das Spreizrohrende bewirkt wird.
Der Gerüstrohrdurchmesser mit 6 mm ist für eine mittlere Windgeschwindigkeit ausgelegt. Es ist jedoch sehr einfach, den DüsselDelta auch für 5 oder 8 mm Rohrdurchmesser zu bauen (Sie müssen nur den Bug und die Aufhängungen anpassen), so daß Sie ihn gleichermaßen bei sehr wenig Wind und bei Sturm fliegen können.

Materialliste ***DüsselDelta***

	Menge	Abmessung mm	Material
Segeltuch	1	500 x 1040	42 g/m²
Seitenwaageleine	2	1400 x 1,5	Nylon
Innenwaageleine	2	650 x 1,5	Nylon
Abstandsleine	1	170 x 1,5	Nylon
Befestigungsring	2	20	Aluminium
Spreizrohr	1	1000 x 6	CFK-Rohr
Rutschsicherung	1	20 x 6 x 1	Schlauch
Endkappe	2	6	Kunststoff
Seitenrohr	2	820 x 6	CFK-Rohr
Endkappe	2	6	Kunststoff
Seitenrohraufhängung	2	90 x 15	Gurtband
Seitentaschen	2	885 x 50	Dacron
Mittelrohr	1	500 x 6	CFK-Rohr
Rutschsicherung	1	20 x 6 x 1	Schlauch
Mittelrohrtasche	1	80 x 25	Gurtband
Endkappe	1	6	Kunststoff
Bugschlauch	2	60 / 50 x 5 x 2	Schlauch
Bugring	1	20	Aluminium
Bugverstärkung	1	60 x 50	Dacron

Zu den Abmessungen:
Für Schlauch gilt die Reihenfolge Länge x Innendurchmesser x Wanddicke. Für rechteckige Flachteile gilt Länge x Breite.
Für Körper gilt Länge x Breite x Tiefe. Für Rohre gilt Länge x Außendurchmesser.

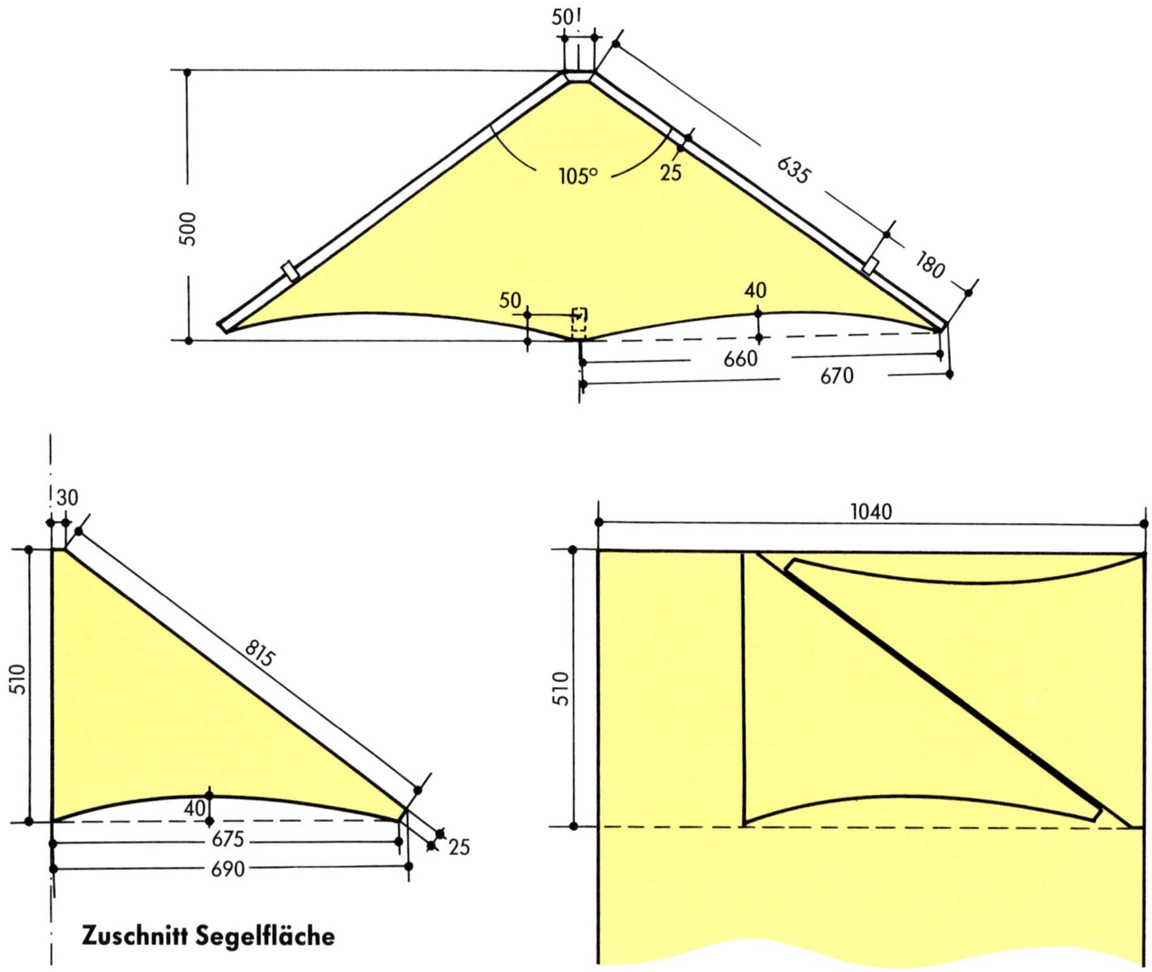

Zuschnitt Segelfläche

Zuschnittanordnung

Baufolge

Segelanfertigung

- Die beiden Segelhälften zuschneiden. Am besten fertigt man Schablonen aus Graukarton an und schneidet die beiden Segelhälften mit dem Lötkolben heiß aus. Aufzeichnen mit dem Bleistift direkt auf das Spinnakertuch und ausschneiden mit der Schere funktioniert auch. Die beiden Segelhälften müssen in ihren Abmessungen und in ihrer Gewebestruktur identisch sein.
- Die beiden Segelhälften mit halber Kappnaht zusammennähen (s. auch Bauanleitung Taifun, Seite 46). Segelhinterkante umsäumen, möglichst doppelt umgelegt. Nicht mehr als insgesamt 8 mm einschlagen.
- Die Mittelrohrtasche auf der Rückseite des Segels mit kleinem Zickzackstich aufnähen. Dabei das Abschlußstück der Segelmitte unter der Tasche leicht nach innen umlegen. An den Kanten der Taschenöffnung die Naht doppelt oder dreifach nähen (s. Seite 24, Abb. **1/2**).
- Die Dacronstreifen für die Seitentaschen und die Bugverstärkung zuschneiden und falten. Der Bugstreifen wird zweimal gefaltet, um die Mitte zu markieren. Der Seitenstreifen wird der Länge nach in der Mitte, an der Spitze und am unteren Ende für die Taschenvorbereitung gefaltet.
- Die Taschenvorbereitung an den unteren Enden der Seitentaschen festnähen (s. **3**, die Naht vor dem Seitentaschenende).
- Die Bugstreifen mittig aufnähen und die Bugstreifenecken umfalten.
- Die Seitentaschen aufnähen, Enden vernähen, dreimal vor- und rückwärts und ca. 2 mm vom Ende (**3**).
- Gurtband für die Seitenrohraufhängung in der Mitte falten und bei 15 mm Abstand ab Faltung dreimal vor- und rückwärts mit Geradeausstich zusammennähen. Zur Kontrolle 6-mm-Schutzkappe mit Spreizrohr in die

1 Ansicht der Mittelrohrtasche von der Rückseite. Die Kantenöffnungen sind mindestens doppelt verriegelt. Die Abstandsleine ist auf dem Rutschsicherungsstück mit Zuziehknoten befestigt.

2 Die Mittelrohrtasche von der Vorderseite. Die Abstandsleine ist noch durch das Gurtband der Mittelrohrtasche geführt. Das Mittelrohr muß im eingebauten Zustand das Segel leicht spannen.

3 Das Seitentaschenende ist nach innen eingeschlagen und festgenäht. Mit kleinem Zickzackstich wird die Tasche kurz vor der Abschlußkante dreifach zugenäht.

4 Die Seitenrohraufhängung von der Vorderseite. Die Waageleine umgreift die Aufhängung mit der eingeklebten Schutzkappe und dem Spreizrohr. Durch den Zuziehknoten bildet sich im Flug eine Klemmverbindung.

5 Die Seitenrohraufhängung von der Rückseite. Die Befestigungsnähte sind doppelt ausgeführt und so angeordnet, daß das Seitenrohr inklusive Schutzkappe gerade noch durch die Seitentasche paßt.

6 Waage und Abstandsleine-Anbringung in der Mitte des Spreizrohrs. Die Waageleinen laufen unter Zug gegeneinander und sind mit Zuziehknoten befestigt. Das Rutschsicherungsstück stabilisiert die Lage.

7 Vorderansicht des Bugs. Die Waageleinen sind am Alu-Ring befestigt. Der Ring ist nur notwendig, wenn der DüsselDelta als Gespann geflogen wird; beim Einzeldrachen kann er entfallen.

8 So kontrollieren Sie die Waageeinstellung. Wenn Sie den Drachen gegen den Wind halten, müssen die Segel fast parallel zum Boden liegen.

Schlaufe einführen (**4/5**). Die Schutzkappe muß fest in der Schlaufe sitzen, da sie später eingeklebt wird.

● Anbringungspunkt für die Seitenrohraufhängung markieren und die Gurtbandaufhängung mit zwei versetzten Nähten festnähen (**4/5**).

Rohrvorbereitung

● Auf das Spreizrohr das Rutschsicherungsstück mittig aufschieben (**6**).

● Auf das Mittelrohr das Rutschsicherungsstück auf das untere Ende schieben (**1**).

● Schutzkappen auf Spreiz-, Mittel- und Seitenrohrenden aufstecken.

Bugaufbau

● Bugschlauch anfertigen. Das kürzere Mittelstück seitlich mit Langloch versehen und das längere Schlauchstück mittig durch das Langloch stecken. Beim Durchstecken gleichzeitig den Bugschlauchring aufstecken (**7**). Bitte achten Sie darauf, daß am Langloch genug Material stehenbleibt. Die Teile sollten straff ineinanderpassen.

Zusammenbau

● Seitenrohre in die Seitentaschen einführen. Bugschlauch auf die Seitenrohre stecken. Mittelrohr in die Mittelrohrtasche und anschließend in den Bugschlauch stecken.

● Mit einer Stopfnadel die Abstandsleine (**2**) durch Segel und Mittelrohrtasche ziehen. Beide Enden mit Schmelzperlen versehen. Auf der Rückseite mit Zuziehknoten auf dem Rutschsicherungsstück des Mittelrohrs befestigen (**1**). Auf der Vorderseite an der Abstandsleine Schlaufe mit Zuziehknoten anfertigen.

● Spreizrohr durch die Schlaufe der Abstandsleine führen und exakt in der Mitte festziehen (**6**). Spreizrohr in die Schlaufen der Seitenrohraufhängung einführen und mit Sekundenkleber festkleben (**4/5**). Ein Tropfen reicht aus, er verteilt sich im Gewebe des Gurtbandes.

Waagebefestigung

● Die beiden Innenwaageleinen an den Enden mit Schmelzperlen versehen und mit Zuziehknoten neben der Schlaufe der Abstandsleine festziehen (**6**). Die Knoten der Innenleinen und die Knoten am Bugring sollten unter Zug gegeneinanderlaufen (**7**).

● Die Seitenwaageleinen werden auf der Vorderseite des Bugrings mit Zuziehknoten festgezogen. Das jeweils andere Ende wird mit der Stopfnadel unterhalb der Rohraufnahmeschlaufe durchgezogen, mit einer Schmelzperle versehen und mit Zuziehknoten auf der Schlaufe festgezogen (**4/5**).

● Die beiden Alu-Befestigungsringe mit doppelten Lerchenkopfknoten jeweils auf der Seitenwaageleine anbringen und vor dem Alu-Ring, 750 mm vom Bug entfernt, mit Filzstift eine Markierung anbringen. Die Messung beginnt am Befestigungsknoten am Bug.

● Die Innenwaageleinen mit Zuziehknoten an den Alu-Ringen befestigen (**8**).

Um die Segelwölbung zu kontrollieren, messen Sie 200 mm von der Mitte des Spreizrohrs entfernt, neben dem Spreizrohr zur Hinterkante hin und mit leichtem Andruck an das Segel den senkrechten Abstand zwischen Spreizrohr und Segel. Er sollte ca. 150 mm betragen.

Möchten Sie ein DüsselDelta-Gespann bauen, sind folgende Abmessungen der Zwischenleinen zu beachten: Bugverbindungsleine 850 mm, die beiden Seitenverbindungsleinen 870 mm.

DüsselPower

Der DüsselPower ist nicht unbedingt ein Drachen mit außergewöhnlichen oder herausragenden Eigenschaften. Doch wer einen einzeln fliegenden Drachen haben möchte, der bei mittlerem Wind bei einer mäßigen Geschwindigkeit etwas mehr Zug bringt, so ist dieser Nachfolger des DüsselDelta durchaus zu empfehlen.
Dem ebenfalls einfach zu bauenden, relativ großen Drachen liegt ein materialoptimiertes Vierrohrkonzept zugrunde. Durch den Einsatz von 12 mm dickem GFK-Rohr kann ein günstiger Preis für das Baumaterial veranschlagt werden. Da keine obere Spreize eingesetzt wird, werden die Seitenrohre, um eine zu starke Durchbiegung bei starkem Wind zu verhindern, mit einer Zusatzwaage abgefangen.
Dem DüsselPower können Sie noch mehr „Power" geben, wenn Sie statt des 12-mm-Rohrs für das Gerüst 10-mm-CFK-Rohr verwenden oder/und dem Drachen eine obere Spreize (500 mm) verpassen. In diesem Fall ist die Waage dann entsprechend umzugestalten.

Materialliste ***DüsselPower***

	Menge	Abmessung mm	Material
Segeltuch	1	1500 x 1040	62 g/m²
Außenwaageleine 1	2	2200 x 2	Nylon
Außenwaageleine 2	2	1000 x 2	Nylon
Innenwaageleine	2	1000 x 2	Nylon
Abstandsleine	1	350	Nylon
Befestigungsring	2	20	Aluminium
Spreizrohr	1	1500 x 12	GFK-Rohr
Endkappe	2	12	Kunststoff
Rutschsicherung	1	25 x 12 x 3	Schlauch
Seitenrohr	2	1500 x 12	GFK-Rohr
Hohlbruchschutz	2	30 x 10	Holz
Endkappe	2	12	Kunststoff
Seitenrohraufhängung	2	160 x 25	Gurtband
Außenwaageaufhängung	2	80 x 15	Gurtband
Seitentaschen	2	1520 x 80	Dacron
Mittelrohr	1	1000 x 12	GFK-Rohr
Hohlbruchschutz	1	30 x 10	Holz
Endkappe	1	8	Kunststoff
Mittelrohraufhängung	1	1800 x 15	Gurtband
D-Ring	1	15	Aluminium
Verbindungsschlauch	1	25 x 10 x 2	Schlauch
Bugschlauch	2	90 / 60 x 12 x 3	Schlauch
Bugverstärkung	1	110 x 80	Dacron

Zu den Abmessungen:
Für Schlauch gilt die Reihenfolge Länge x Innendurchmesser x Wanddicke. Für rechteckige Flachteile gilt Länge x Breite.
Für Körper gilt Länge x Breite x Tiefe. Für Rohre gilt Länge x Außendurchmesser.

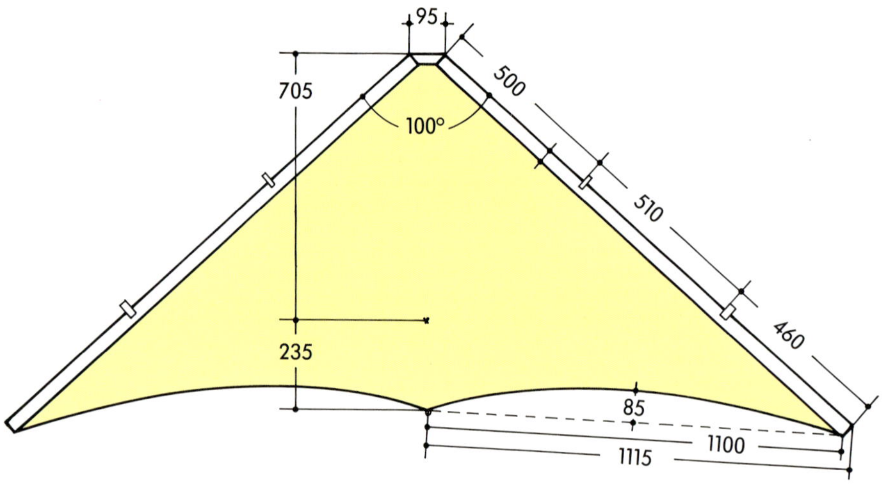

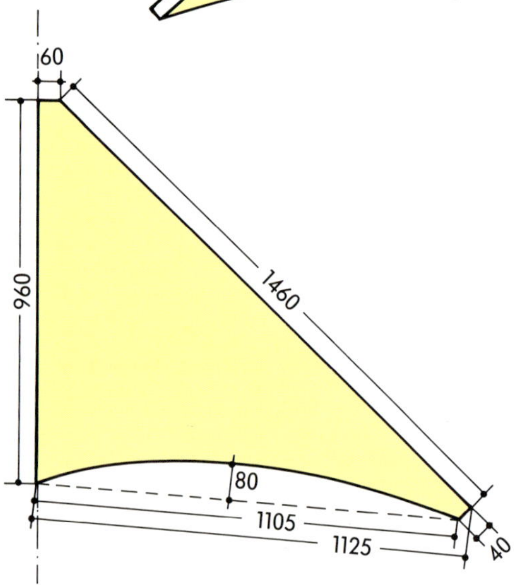

Zuschnitt Segelhälfte

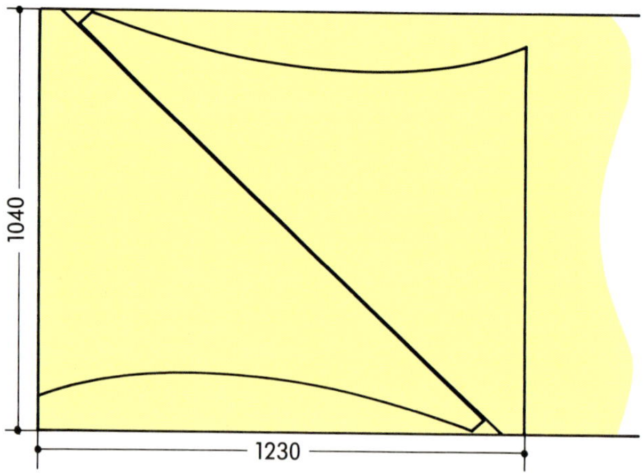

Zuschnittanordnung

Baufolge

Segelanfertigung

- Segelumrisse entsprechend der Zeichnung auf das Segeltuch aufzeichnen und ausschneiden. Oder Segel mittels aus Graukarton angefertigter Schablone mit Lötkolben heiß ausschneiden. Auf symmetrischen Gewebeverlauf achten.
- Die Segelhälften aufeinanderlegen und mit 10 mm Abstand zur Kante durch halbe Kappnaht verbinden.
- Den hinteren Segelrand umsäumen. Am besten doppelt umlegen, jedoch insgesamt nicht mehr als 8 mm einschlagen.
- Auf die Mittelnaht der Segelrückseite das Gurtband (1800 x 15 mm) mit Dreifach-Zickzackstich aufnähen.
- Den D-Ring auf das Gurtband schieben, das Gurtband umlegen und zuerst den D-Ring und dann das Gurtband festnähen. Diese Vorgehensweise ist nicht unbedingt einzuhalten; es genügt auch ein 300 mm langes Gurtband, das so umgeschlagen wird, daß es für die Durchführung des Abstandsseils doppelt liegt (**1**) und der D-Ring gut befestigt ist. Das empfiehlt sich im besonderen bei Drachen mit Applikationen.
- Der Länge nach gefaltetes Dacronband (110 x 80 mm) mit Dreifach-Zickzackstich in der Mitte auf den Bug aufnähen. Die überstehenden Ecken werden längs der Seitenkante auf die Vorderseite gefaltet (s. auch Seite 46, Abb. 8).
- Die Seitentaschen werden ebenso aufgenäht. Zuvor ist am Bug die Seitentasche 20 mm nach innen zu falten. Am Tragflächenende wird der überstehende Rest der Seitentasche nach innen oder nach außen gefaltet. Ich empfehle das Falten nach außen, damit sich beim Einschieben des Seitenrohrs keine Schwierigkeiten ergeben können (**2**).
- Das mit dem Segeltuch abschließende Seitentaschenende wird mit gerader Naht 5 mm vom Dacronrand entfernt zugenäht. Damit die Naht stabil genug ist, dreimal vor- und rückwärts nähen und die Naht dabei etwas versetzen.

1 Die Mittelrohraufhängung von der Rückseite. Durch die rutschsichere Zuziehknoten-Verbindung ist kein Rutschsicherungsstück notwendig. Die Leinendurchführung im Segel ist mit Gurtband gesichert.

2 Die Seitentaschenenden sind nach innen eingeschlagen. Wichtig ist eine stabile, gut gesicherte Zickzacknaht kurz vor der Abschlußkante.

3 Die Seitenrohraufhängung von der Vorderseite. Das stabile Gurtband ist auf der Seitentasche doppelt vernäht, die straff sitzende Schutzkappe auf dem Seitenrohrende mit Sekundenkleber fixiert.

4 Die Außenwaagebefestigung 2 soll das Seitenrohr gut umgreifen und möglichst wenig Falten am Segel erzeugen. Eine Durchbiegung des Seitenrohrs kann so verhindert werden.

● Gurtbandstücke für die Aufhängung der Außenwaagen 2 und für die Seitenrohraufhängung vorbereiten.
● Das Gurtband für die Seitenrohraufhängung wird quer in der Mitte gefaltet und mit 26 mm Abstand vom Falz zusammengenäht. In die so entstandene Schlaufe muß das 12-mm-Spreizrohr inklusive der Endkappe straff hineinpassen (**3**).
● Beide Aufhängungen auf den Seitentaschen festnähen (**4** und **3/5**). Achten Sie darauf, daß innerhalb der Seitentasche genügend Platz für das Seitenrohr mit aufgesteckter Endkappe bleibt.

Rohrvorbereitung

● Auf das Spreizrohr ist mittig das Rutschsicherungsstück (25 x 12 x 3 mm) aufzuschieben (**10**).
● In die Rohrenden im Bugbereich (**6/7**) den Hohlbruchschutz mit Sekundenkleber einkleben.

Bugaufbau

● Bugschlauch vorbereiten. Das kürzere Stück mit Langloch versehen und das längere Schlauchstück mittig durch das Langloch stecken. Bitte darauf achten, daß genug Material am Langloch stehenbleibt. Die Teile sollten straff ineinanderpassen (**6/7**).

Zusammenbau

● Die Seitenrohre mit Endkappe in die Seitentaschen stecken. Anschließend die Seitenrohrenden in den Schlauchbug stecken. Die Rohrenden sollten jetzt in den Seitentaschenenden gut anliegen und am Bug genügend Freiraum für das Mittelrohr lassen (**6/7**). Das ist auch wichtig beim Zusammenlegen, damit sich die Rohre nicht zerquetschen.
● Das Mittelrohr wird auf der Rückseite des Segels mit dem Verbindungsstück in den D-Ring (**8/9**) und das

5 Die Seitenrohraufhängung von der Rückseite. Die Befestigungspunkte für diese Aufhängungen müssen unbedingt symmetrisch sein; das ist entscheidend für die Wölbung (Profilierung) der Segel.

6 Der Bug von der Vorderseite. Die Waageleinen sind über Kreuz auf dem Schlauchbug angebracht. Für die Befestigung wurde wiederum der Zuziehknoten eingesetzt.

7 Der Bug von der Rückseite. Als Hohlbruchschutz wurde in die Rohrenden ein Stück Holz eingeführt. Wer möchte, kann die Rohre im Schlauchbug zusätzlich mit Sekundenkleber fixieren.

8 Die Mittelrohraufhängung von der Vorderseite. Es bleibt Ihnen überlassen, ob Sie das Rohrende zusätzlich mit einem Hohlbruchschutz versehen oder nicht.

andere Rohrende in das kurze Schlauchstück des Bugs gesteckt. Das Segel sollte jetzt in der Mitte unter Zug stehen und keine Falten bilden.

- Das Spreizrohr mit aufgesteckten Endkappen wird in die Schlaufen der Seitenrohraufhängung eingeführt und mit Sekundenkleber festgeklebt (**3/5**).

Waagebefestigung

- Die Abstandsleine wird in Höhe des Spreizrohrs in der Mitte des Segels mit einer dicken Stopfnadel durch Segel und Gurtband gezogen und die beiden Enden der Leine je mit einer Schmelzperle versehen. Auf der Drachen-Rückseite wird die Abstandsleine zweimal um den Mittelstab gewunden (**1**) und mit Zuziehknoten festgezogen. Auf der Vorderseite wird es auf dem Spreizrohr, und zwar mittig auf dem Rutschsicherungsstück, mit Zuziehknoten festgezogen (**10**).
- Die Außenwaageleine 1 wird mit einer Stopfnadel in der Mitte der Seitenrohraufhängung unterhalb der Endkappe durchgezogen und, nach Anfertigen einer Schmelzperle, mit Zuziehknoten festgezogen (**3/5**). Mit der Außenwaage auf der anderen Seite wird ebenso verfahren.
- Die beiden freien Außenwaage-Leinenenden werden mit je einer Schmelzperle versehen und – gegeneinanderziehend – auf dem Bug mit Zuziehknoten befestigt (**6**).
- Die beiden Innenwaageleinen werden an beiden Enden mit einer Schmelzperle versehen und – gegeneinanderziehend – auf dem Rutschsicherungsstück des Spreizrohrs mit Zuziehknoten festgezogen (**10**).
- An den beiden Alu-Befestigungsringen werden mit Doppelbuchtknoten die Außenwaageleinen 1 befestigt, die Innenwaageleinen mit Zuziehknoten (**11**).

9 Die Mittelrohraufhängung von der Rückseite. Da das Verbindungsstück stark beansprucht wird, könnte es sein, daß Sie das Rohr etwas verkürzen müssen.

10 Die Befestigung von Waageleine und Abstandsleine auf der Mitte des Spreizrohrs. Wie beim Düssel-Delta, laufen auch hier die Waageleinen gegeneinander.

11 Die Befestigung der Waageleinen am Aluminiumring mit doppelten Lerchenkopfknoten und der Innenwaageleine mit Zuziehknoten. Die Abstandsmarkierung ist vor dem Ring auf der Waageleine zum Bug angebracht.

12 Dieser DüsselPower wurde mit einem Orangenbäumchen geschmückt. Die verschiedenen Formen werden aus Stoffresten zugeschnitten und mit Zickzackstich auf das Segel appliziert.

- In einem Abstand von 1220 mm vom Schlauchbug bis jeweils vor den Alu-Ring wird mit Filzstift eine Einstellmarkierung auf den Außenwaageleinen 1 angebracht.
- Die Außenwaageleinen 2 werden an den Enden mit je einer Schmelzperle versehen und im Abstand von 140 mm zur Markierung mit einem Lerchenkopf- und einem Zuziehknoten an den Außenwaageleinen 1 befestigt. Die Befestigung der Außenwaageleinen 2 ist so vorzunehmen, daß sie etwas straffer sind als die übrige Waage, denn durch diese zusätzliche Waage soll ein Durchbiegen des Seitenrohrs unter Belastung im Flug vermieden werden.

Dieses Waagesystem kann auch anders ausgelegt werden, indem die Innenwaageleine und die Außenwaageleine 2 zusammengefaßt werden und ohne Befestigung durch den Ring laufen.

DüsselTempo

Er verbindet die Vorzüge des DüsselDelta mit denen des Taifun (Seite 42). Kein Wunder, denn sein Vorläufer ist ein großer Taifun (1,5 m Seitenrohrlänge) aus dem Frühjahr 1988. Da mir in meiner Lenkdrachenpalette noch so ein richtiges Kraftpaket mit hoher Zugkraft fehlte, habe ich im Frühjahr 1991 den DüsselTempo konstruiert. Das Gerüst (12-mm-GFK) wurde vom großen Taifun übernommen, alle anderen Details vom DüsselDelta. So entstand ein preiswerter Zugdrachen mit angenehmen Flugleistungen bei leichtem Wind. Sobald der Wind stärker wird, habe ich Angst, daß mir die Arme ausgerissen werden. Dennoch (oder gerade deshalb?) kann ich mir vorstellen, daß dieser Drachen (kräftige und schwere) Freunde finden wird.

Eine weitere Verbesserung der Leichtwindeigenschaften und der Schnelligkeit ist durch die Verwendung von 10-mm-CFK-Rohr als Gerüstmaterial zu erreichen. In diesem Fall werden ein anderer Schlauchbug und eine entsprechende Verbindungsmuffe für das untere Spreizrohr notwendig.

Materialliste ***DüsselTempo***

	Menge	Abmessung mm	Material
Segeltuch	1	1670 x 1040	52 g/m²
Außenwaageleine	2	1980 x 2	Nylon
Innenwaageleine	2	980 x 2	Nylon
Aluminiumring	2	20	Aluminium
Oberes Spreizrohr	1	750 x 12	GFK-Rohr
Verbindungsleine	1	200 x 2	Nylon
Endkappe	2	12	Kunststoff
Unteres Spreizrohr	2	1000 x 12	GFK-Rohr
Rutschsicherung	2	15 x 12 x 3	Schlauch
Endkappe	2	12	Kunststoff
Hohlbruchschutz	2	30 x 10	Holz
Verbindungsmuffe	1	100 x 12 x 0,5	Messing
Seitenrohr	2	1500 x 12	GFK-Rohr
Hohlbruchschutz	2	30 x 10	Holz
Endkappe	2	12	Kunststoff
Seitenrohraufhängung	4	160 x 25	Gurtband
Seitentaschen	2	1515 x 80	Dacron
Mittelrohr	1	1000 x 12	GFK-Rohr
Hohlbruchschutz	1	30 x 10	Holz
Mittelrohraufhängung	1	1800 x 15	Gurtband
D-Ring	1	15	Aluminium
Verbindungsschlauch	1	25 x 11 x 1,5	Schlauch
Bugschlauch	2	90 / 60 x 12 x 3	Schlauch
Bugverstärkung	1	150 x 70	Dacron

Zu den Abmessungen:
Für Schlauch gilt die Reihenfolge Länge x Innendurchmesser x Wanddicke. Für rechteckige Flachteile gilt Länge x Breite.
Für Körper gilt Länge x Breite x Tiefe. Für Rohre gilt Länge x Außendurchmesser.

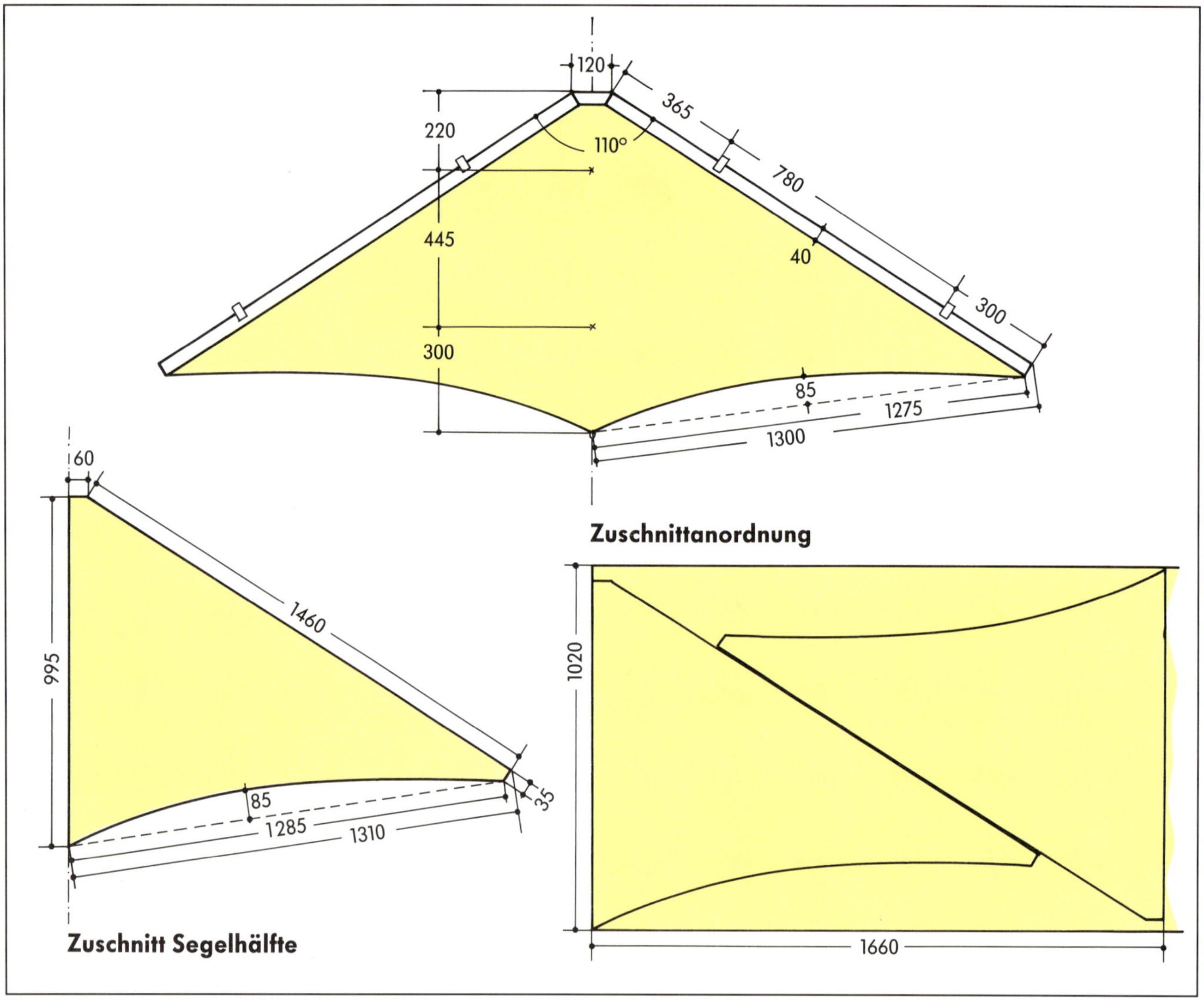

1 Die obere Seitenrohraufhängung nimmt das obere Spreizrohr auf. Die äußere Waageleine umschlingt das Rohrende mit Schutzkappe und klemmt es gleichzeitig fest.

2 Die untere Seitenrohraufhängung ist genauso gearbeitet wie die obere. Sollte sich die eingeklebte Schutzkappe einmal lockern, kann durch einen kleinen Einnäher das Durchrutschen behoben werden.

Baufolge

Segelanfertigung

- Segelumrisse entsprechend der Zeichnung auf dem Segeltuch aufzeichnen und ausschneiden. Oder eine Schablone aus Graukarton anfertigen und mit Lotkolben heiß ausschneiden. Auf symmetrischen Geweberverlauf achten.
- Die beiden Segelhälften in der Mitte mit halber oder ganzer Kappnaht zusammennähen. Nahtabstand von der Gewebekante 10 mm, Stichlänge 4 mm.
- Zuschneiden der 80 mm breiten Dacronstreifen für die Seitentaschen. Die Streifen der Länge nach in der Mitte falten.
- Dacronstreifen an der Spitze 10 mm nach innen schlagen, die Kante nachfalten und, am Bug beginnend, um die Segelseite legen und, möglichst mit Zickzackstich, Ober- und Unterseite in einem Arbeitsgang festnähen. Es ist unbedingt darauf zu achten, daß der Rand des Segels ohne zu knittern am Mittenfalz der Seitentasche anliegt. Beim Nähen darf das Segel auch nicht aus der Tasche herrausrutschen oder die Taschenober- und -unterseite sich gegeneinander verschieben. Sollte dieser relativ schwierige Arbeitsgang nicht zufriedenstellend glücken, Naht auftrennen und neu versuchen. Zum Schluß den Taschenanfang gut verriegeln (vor- und rückwärts nähen).

Kurz bevor Sie das Ende des Segels erreichen, überstehenden Dacronstreifen so nach außen umschlagen und nachfalzen, daß ein sauberer Abschluß entsteht. Bis zum Ende durchnähen, das Ende dreifach zunähen. Auf der anderen Segelseite genauso vorgehen.

- Die Bugverstärkung (150 mm breit) ebenfalls längs in der Mitte falten und mit Zickzackstich aufnähen. Überstehende Ecken abschneiden oder umfalzen.
- Von hinten längs auf die Segelmitte als Verstärkung 15 mm breites Gurtband mit Zickzackstich aufnähen. Am unteren Ende 50 mm lang überstehen lassen, einen D-Ring auf das Gurtband schieben, das Band umlegen und festnähen.
- Um eine noch höhere Stabilität zwischen den Kreuzungspunkten von Spreiz- und Mittelrohr zu erzielen, kann an diesen Punkten auf der Vorderseite noch je eine Gurtbandlasche aufgenäht werden, durch die dann die Rohre geführt werden.

Rohrbefestigung

- Die vier 25 mm breiten und 160 mm langen Gurtbandstücke für die Seitenrohraufhängungen quer in der Mitte falten und in 15 mm Abstand vom Falz eine dreifache Naht anfertigen. In die entstandene Schlaufe muß das mit Schutzkappe versehene 12-mm-Rohrende straff hineinpassen.
- Die vier Schlaufen auf die Segelseiten setzen und mit

3 Der Bugaufbau in der Vorderansicht. Der Platz für den Schlauchbug ist eng bemessen; auf diese Weise wird aerodynamisch nichts verschenkt, und die Bugkonstruktion ist ausreichend stabil.

4 Der Bugaufbau von der Rückseite. Sollte der Schlauchbug nach einer gewissen Zeit verschleißen oder ausleiern, ist es kein Problem, ihn gegen einen neuen auszuwechseln.

5 Der Seitentaschenabschluß des DüsselTempo ist hier nach außen gefaltet. Diese Vorgehensweise erleichtert das Einführen der Seitenrohre bis ganz ans Ende der Seitentaschen.

6 Das obere Spreizrohr ist durch eine Leinenverbindung mit dem Mittelrohr verbunden und zur besseren Führung durch eine Gurtbandschlaufe geführt. Der aufgeklebte Schlauchring markiert die Mitte.

7 Die Leinenverbindung des unteren Spreizrohrs von der Rückseite. Die Leine ist doppelt um das Rohr geschlagen und zweimal verknotet. Die Leinenenden sind mit Schmelzperlen versehen.

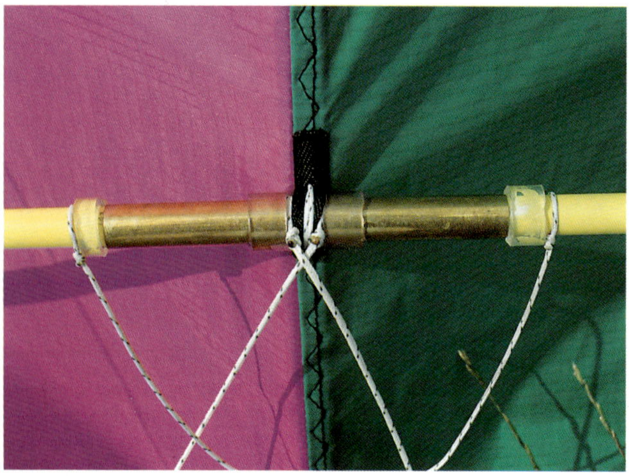

8 Die Verbindungsmuffe des unteren Spreizrohrs ist mit dem Mittelrohr verbunden, die Schlauchringe dienen als Rutschsicherung. Eine Verbindungsleine hindert die Spreizrohre am Herausrutschen.

zwei Dreifachnähten auf den Dacron-Seitentaschen festnähen (**1/2**). Dabei sollten Sie darauf achten, daß anschließend das 12-mm-Rohr inklusive Schutzkappe noch in die Seitentasche eingeschoben werden kann.

Bugaufbau

- Von dem Bugschlauch zwei Stücke von 60 und 90 mm Länge abschneiden.
- Am vorderen Ende des 60-mm-Stücks in der Mitte ein schmales Langloch anbringen (z. B. durch Stanzen oder Bohren).
- Das 90-mm-Stück in dieses Langloch bis zur Mitte hineinschieben. Es sollte möglichst straff darin sitzen (**3/4**). Ein Langloch ist besser geeignet als ein Rundloch, weil um das Loch herum mehr Material erhalten bleibt und so die erforderliche Festigkeit gewährleistet ist.

Zusammenbau

- Die beiden Seitenrohre mit Schutzkappen versehen und bis zum Ende in die Seitentaschen einschieben (**5**).
- Den Bugschlauch auf die Seitenstäbe stecken (**3/4**). Zuvor jedoch den Hohlbruchschutz (kurze Rundstabstücke oder 10-mm-Dübel) in die Rohrenden einkleben.
- Den Mittelstab mit 20 mm langem Schlauchstück als Zwischenverbindung in den D-Ring an der unteren Kante stecken. Das andere Rohrende wird in den Bugschlauch gesteckt.
- Mit einer Stopfnadel wird die 2 mm starke Verbindungsleine von der Rückseite des Segels am Kreuzungspunkt des oberen Spreizrohrs durch die Mitte des Gurtbands und das Segel hindurchgezogen, zweimal um die Gurtbandlasche geschlagen (**6**), dann wieder auf die Rückseite gezogen und dort zweimal um das Mittelrohr geschlungen. Die beiden Leinenenden werden je dreimal verknotet, außerdem bekommt jedes Ende einen weiteren Knoten, der kurzgezogen wird, damit sich der Gesamtknoten nicht lösen kann (**7**). Überstehende Enden bis auf einen kurzen Rest abschneiden und dann verschmelzen.
- Auch die Messingmuffe für das untere Spreizrohr wird auf der Vorderseite an der Verbindungsleine befestigt. Als zusätzliche Rutschsicherung können auf die Muffe zwei kurze, enganliegende Schlauchstücke geschoben werden (**8**).
- Auf die Mitte des oberen Spreizrohrs wird als Rutschsicherung ein 10 mm langes Schlauchstück von 12 mm Durchmesser einseitig aufgeschoben.
- Die unteren Spreizrohre werden an den zur Mitte zeigenden Enden mit 10 mm breiten Schlauchringen versehen. Das Rohrende sollte dann bis zur Mitte der Messingmuffe reichen und das Schlauchstück als Anschlag dienen. Die Schlauchringe werden mit Sekundenkleber gut festgeklebt.
- Zum Schluß werden die Rohrenden der Spreizrohre

Jedes Jahr am 14. Januar findet in Ahmedabad (Gujarat, Indien) das Makar Sankranti Drachenfestival statt. Wenn ich es nicht selbst erlebt hätte, könnte ich es nicht glauben – doch an diesem Tag ist die Millionenstadt einzig und allein mit einem Thema beschäftigt: alles dreht sich nur um das Drachenfliegen.

mit Schutzkappen versehen und in die Halteschlaufen an den Seitentaschen eingeschoben.

Waagebefestigung

- Die Innenwaageleinen mit Schmelzperle versehen und mit Zuziehknoten neben der Gurtbandlasche festziehen. Die Knoten der Innenwaageleine (**8**) sollten unter Zug gegeneinanderlaufen.
- Die Außenwaageleine wird durch die Seitenrohraufhängung des oberen Spreizrohrs mit der Stopfnadel durch- und dann mit Zuziehknoten festgezogen (**1**). Gleiche Vorgehensweise an der unteren Seitenrohraufhängung (**2**).
- Alu-Ringe mit doppelten Lerchenkopfknoten auf der Seitenwaageleine anbringen. Vor dem Alu-Ring, im Abstand von 850 mm vom Befestigungsknoten am Bug aus gemessen, mit Filzstift auf der Leine eine Markierung anbringen.
- Die Innenwaageleinen mit Zuziehknoten an den Alu-Ringen befestigen.
- Um im Falle eines Absturzes zu verhindern, daß die unteren Spreizrohre aus der Verbindungsmuffe rutschen, wird mit Zuziehknoten eine Sicherungsleine (Länge ca. 300 mm) hinter den Rutschsicherungen auf den Spreizrohren angebracht (**8**).

Um die Segelwölbung zu kontrollieren, messen Sie 400 mm von der Mitte des Spreizrohrs, neben dem Spreizrohr zur Hinterkante hin und unter leichtem Andruck an das Segel, den senkrechten Abstand zwischen Spreizrohr und Segel. Er sollte ca. 150 mm betragen.

Drachengespanne

Drachen zu verketten und dann im Gespann zu fliegen macht nicht nur dem Piloten, sondern auch den Zuschauern große Freude. Denn so eine am Himmel stehende Drachenkette mit ihrer Anmut und Ästhetik ist einfach wunderschön anzusehen.

Ein idealer Drachen für Gespanne ist, mit seinen relativ geringen Abmessungen und der einfachen Anbindung über nur drei Verbindungsleinen zum folgenden Drachen, der DüsselDelta. Bei ihm sind die Leinen unterschiedlich lang, weil die untere Verbindung am Folgedrachen wie die Waage mit Zuziehknoten befestigt ist, während der Vorgängerdrachen mit einer Drahtklammer am hinteren Gurtband der Seitenrohraufhängung angebracht wird (**1**). Die obere Verbindung wird durch Drahtklammern und Zuziehknoten an den Alu-Ringen hergestellt (**2**). An den Drahtklammern benutze ich bei der DüsselDelta-Kette keinen Zuziehknoten, vielmehr hänge ich sie mit einem Lerchenkopfknoten in Schlaufen, um später die Verbindungslängen optimal justieren zu können. Beim Abschneiden der Verbindungsleinen sind der Abstandslänge dann noch jeweils 100 mm hinzuzufügen.

Da die beim DüsselDelta vorgesehenen Waageleinen, was die Bruchkraft angeht, mit 1,5 mm großzügig dimensioniert sind und die Hauptzugkomponente auf die Befestigungspunkte gleichmäßig verteilt wird, können bis zu 10 Drachen im Gespann geflogen werden. Sollen noch mehr Drachen eingesetzt werden, muß der erste Drachen im Gerüst verstärkt werden, und die Verbindungsleinen müssen aus Kevlar sein, weil sich die Dehnbarkeit von Nylonleine bei so hohen Belastungen unangenehm bemerkbar machen würde.

Es empfiehlt sich – auch bei kleineren Gespannen –, den letzten oder die drei letzten Drachen steiler einzustellen als die Vorgängerdrachen. So wird verhindert, daß das Gespannende bei Loopings hinterherschleift und die Lenkeigenschaften eingeschränkt sind.

Der DüsselDelta ist ideal für den Gespannflug geeignet. Durch die gute Aufteilung der Zugkräfte auf die drei Verbindungsleinen ist auch bei einem Zehner-Gespann keine Verstärkung notwendig.

1 Die Aufhängung der unteren Verbindungsleinen ist dank der Seitenrohraufhängung einfach und stabil und außerdem leicht und schnell herzustellen.

2 Ebenso leicht wie die der unteren läßt sich auch die Aufhängung der oberen Verbindungsleinen realisieren. Als Verbindungsglied dient ein Aluminiumring.

Ein Verketten der anderen in diesem Buch vorgestellten Lenkdrachen ist ebenfalls möglich, doch müssen dann meist vier Verbindungsleinen eingesetzt werden. Lenkbare Parafoils werden verkettet, indem auf der Oberseite im Schwerpunkt des Profils die Kraft weitergeleitet wird. Dazu habe ich im Frühjahr 1989 in Scheveningen umfangreiche Versuche unternommen, weil ich das Verketten der Tragflächen später auch bei der „Superfliege" realisieren wollte. Leider muß dafür der einzelne Drachen modifiziert werden, außerdem muß alles genauestens stimmen, weil sich ansonsten die Flugeigenschaften verschlechtern.
Möchten Sie auf diesem Gebiet ein wenig herumexperementieren, so bauen Sie sich zwei oder drei Booster. Befestigen Sie eine stärkere (wie Hauptwaageleine) Durchführleine an der Zusammenführung der Waageleine und ziehen Sie diese Durchführleine oberhalb des Zusammenführpunktes der Waageleinen mit einer Stopfnadel durch Unter- und Obersegel. An den herausschauenden Enden knüpfen Sie den Folgedrachen an. Den optimalen Durchführpunkt, bei dem die Geometrie des Vorgängerdrachens (Anstellwinkel, Form) möglichst nicht verändert wird, finden Sie nur durch mehrere Versuche. Haben Sie einen guten Punkt erwischt, können die Durchführungen nachträglich mit Gurtband einfach verstärkt werden. Und wenn die ganze Sache nicht den erhofften Erfolg gebracht hat, ist das auch nicht schlimm, denn die Durchführleine kann ja ohne Probleme wieder entfernt werden.

Mit dem Delta-Gespann beim Festival auf Fanö. Es war ein Genuß, mit so vielen Drachenfreunden zu fliegen und dennoch genügend Platz zu haben. Die weite Anreise hat sich gelohnt.

Hochgeschwindigkeits-drachen

Die drei folgenden Taifun-Drachen, deren Bauweise sich etwas von der der üblichen Lenkdrachen unterscheidet, sind speziell für höhere Geschwindigkeiten ausgelegt. Sie zeichnen sich durch eine starke Tragflächenspreizung und geringe Tragflächen- und Profiltiefe aus. Um im Flug die Flatterneigung der Tragflächenhinterkante möglichst gering zu halten, sind die Segelhinterkanten gewölbt zugeschnitten. Der Bug führt über ein Schlauchstück die Seitenrohre zusammen und ist so aufgebaut, daß Stöße möglichst gut absorbiert werden.

Die gleiche Aufgabe haben auch die flexiblen, nicht verrutschenden Rohraufhängungen (s. rechte Seite). Das kompakte Gerüst ist aus Rohren in den handelsüblichen Längen bzw. deren Halbteilung aufgebaut.

Die Aufhängung bei Taifun-Drachen

Die schon erwähnte flexible Aufhängung erfolgt über Aluminiumringe und Gurtband. Das Gurtband wird auf die Seitentaschen aufgenäht und umgreift das Seitenrohr in der Seitentasche.
Diese Vorgehensweise ist vielleicht etwas aufwendiger als bei den üblichen Schlauchsteckverbindungen, doch ergeben sich daraus einige Vorteile. Bei Schlauchsteckverbindungen müssen in den Seitentaschen Löcher angebracht werden, die unter Belastung und bei Stößen leicht einreißen. Außerdem leiern nach einiger Zeit die Schläuche aus, verrutschen auf den Rohren und verändern damit die Geometrie des Drachens.
Das kann nur verhindert werden, wenn die Schlauchstücke gegen Verrutschen gesichert sind, was aber wiederum ein Auswechseln der Rohre erheblich erschwert. Bei Abstürzen rutschen oft die Spreizrohre aus den Schläuchen und beschädigen das Segel.
Auch sollte das Gewicht der Schlauchverbindungen nicht unterschätzt werden, das die Leichtwind- und Reaktionseigenschaften der Lenkdrachen in nicht unerheblichem Maße beeinträchtigt.

1 Ansicht der unteren D-Ringaufhängung. Diese flexible Aufhängungsart überträgt die Kräfte gut und verstellt sich im Flug nicht. Bei Abstürzen werden schädliche Kräfte absorbiert.

2 Die D-Ringaufhängung ist doppelt festgenäht, die Segel mit Dreifach-Zickzackstich in die Seitentaschen eingenäht. Die Seitentaschen bieten gerade so viel Platz, um das Seitenrohr durchzuführen.

3 Die Mittelrohraufhängung erfolgt über D-Ring und Verbindungsstück. Das Segel ist dann in der Mitte straff gespannt.

Taifun

Ende 1987, zwischen Weihnachten und Neujahr, hatte ich ein paar Tage frei. Schon lange hatte ich in meinem Kopf das Konzept für einen Drachen, bei dem es vor allen Dingen um Schnelligkeit ging. Die zu dieser Zeit auf dem Markt erhältlichen Lenkdrachen hatten meist gerade Kanten an den Tragflächenenden, die durch ihr starkes Flattern nicht nur großen Lärm erzeugten, sondern auch den Drachen abbremsten. Oder ihre Gerüstgeometrie war so beschaffen, daß sich das Gerüst bei höheren Geschwindigkeiten verbog und damit eine ungünstige Aerodynamik (die Tragflächen wurden kugelig) entstand. Diese ungünstigen Eigenschaften hatte ich schon vorher bei meinen Konstruktionen „Flash" und „Rogallo" erlebt und mit einer von den Gerüstbefestigungspunkten versetzten Waage positiv beeinflussen können.

Ich entschloß mich also, in den freien Tagen mein im Kopf bereits fertiges Konzept eines schnellen Drachens zu verwirklichen, und am Silvestertag 1987 startete der „Taifun" dann zu seinem Jungfernflug.

Kohlefaserrohr war zu dieser Zeit noch relativ teuer, und so entschied ich mich für GFK-Rohr. Bei der Konstruktion eines Drachens beziehe ich immer die handelsüblichen Rohrlängen oder deren Teilungsmaße mit ein. Dadurch vermeide ich Sägestaub und kleine, nicht mehr verwendbare Reststücke. In diesem Fall nahm ich zwei 1000 mm lange Rohre mit 8 mm Durchmesser, steckte sie in einen „Rogallo"-Schlauchbug und bildete mit einem 1500 mm langen Rohr ein Dreieck. Für das obere Spreizrohr legte ich eine Länge von 500 mm fest, für das Mittelrohr eine Länge von 750 mm. Mit Schlauchstücken fixierte ich die Rohre und kontrollierte die Biegesteifigkeit des Gerüsts. Um es weiter zu versteifen, verband ich auch den Kreuzungspunkt zwischen Mittelrohr und oberem Spreizrohr.

Nach dieser Gerüstvorlage entwarf ich dann die Schablone für das Segel, das nur eine geringe Vorprofilierung erhielt. Bei der Seitenrohr-Befestigung entschied ich mich für eine Aufhängung über Gurtband und D-Ringe, die ich schon bei meinem „Flash"-Konzept erfolgreich eingesetzt hatte.

Der erste Flugversuch, an besagtem Silvestertag, bei gutem Wind und blauem Himmel zeigte, daß die Flugstabilität begrenzt war und es auf eine sehr genaue Waageeinstellung ankam. Nach einigen Optimierungsversuchen klappte es. Der Drachen flog mit hohem Tempo und entwickelte eine enorme Zugkraft.

Bei diesem ersten Taifun war die Hinterkante nur leicht gewölbt und erzeugte noch starken Lärm. Durch die Überarbeitung des Segelzuschnitts konnte ich das Flattern vermindern und die Geschwindigkeit weiter erhöhen. Es stellte sich heraus, daß durch die gute Gerüstgeometrie die Fluggeschwindigkeit mit dem Wind weiter anstieg und bei Sturm fast beängstigende Werte erreichte.

Im April 1988 nahm ich zusammen mit Rolf Seligmann eine Geschwindigkeitsbestimmung per Foto (s. Seite 61) vor. Sie ergab eine Geschwindigkeit von 184 km/h, etwas später, bei einer erneuten Messung mit Werner Platen, sogar 220 km/h. So hohe Geschwindigkeiten erreicht der Taifun allerdings nur bei Windgeschwindigkeiten von 6 bis 9 (Bf) und einer nicht zu langen und zu dicken Leine.

Baufolge

Segelanfertigung

- Segelumrisse nach Zeichnung auf dem Segeltuch aufzeichnen und ausschneiden. Oder eine Schablone aus Graukarton anfertigen und mit Lötkolben heiß ausschneiden (**1**). Auf möglichst symmetrischen Gewebeverlauf achten.
- Die beiden Segelhälften in der Mitte mit halber oder

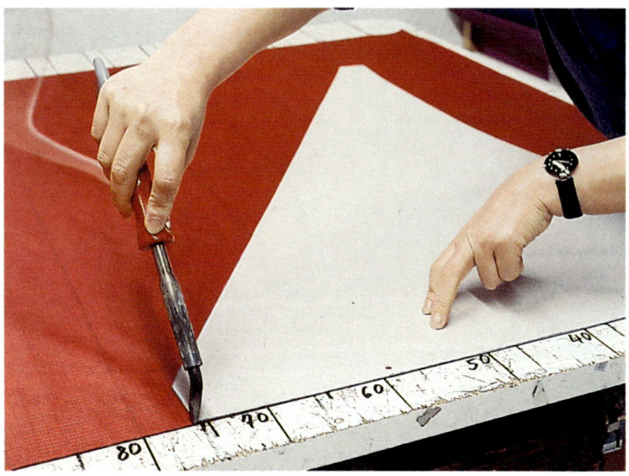

1 Der erste Arbeitsschritt: das heiße Zuschneiden der Segelhälften mit dem Lötkolben und einer Schablone aus Graukarton. Wenn Sie so vorgehen, erhalten Sie sehr genaue Zuschnitte.

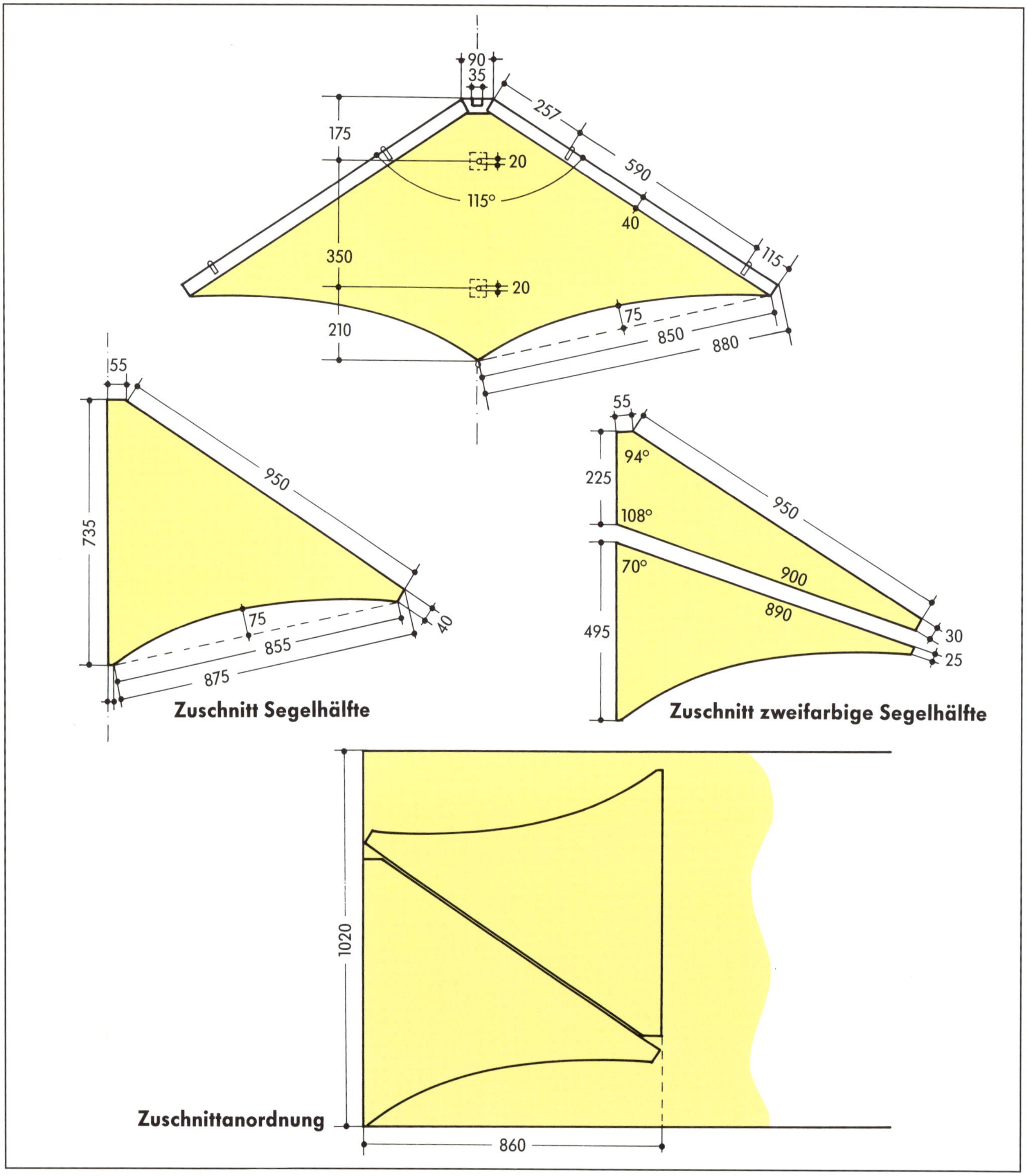

ganzer Kappnaht zusammennähen (Seite 46, **2/3**). Nahtabstand vom Rand 10 mm, Stichlänge 4 mm.

● Umsäumen der Segelhinterkante mit Umsäumer (**4**), oder Saum mit Hand einschlagen und dann nähen. Nicht mehr als insgesamt 8 mm umlegen.

● Die 80 mm breiten Dacronverstärkungen (für den Bug 150 mm, für die Seitentaschen 980 mm lang) der Länge nach in der Mitte falten. Den Bugstreifen zusätzlich mit einer Faltung quer in der Mitte markieren.

● Die Bugverstärkung so auf das Segel aufstecken, daß die Segelkante auf den Längsfalz trifft. Aufgeklappt mit Zickzackstich auf die Vorderseite aufnähen (**5**). Dann Dacronbug zuklappen und von der Rückseite auf dem Segel festnähen. In der Segelmitte nicht durchnähen, da hier später das Mittelrohr in den Bug eingeführt wird (**6**). Die überstehenden Ecken der

Materialliste ***Taifun***			
	Menge	**Abmessung mm**	**Material**
Segeltuch	1	860 x 1040	52 g/m²
Seitenwaageleine	2	1390 x 1,5	Nylon
Innenwaageleine	2	780 x 1,5	Nylon
Oberes Spreizrohr	1	500 x 8	GFK-Rohr
Mittelstück	1	25 x 8 x 1	Schlauch
Verbindungsstück	1	15 x 13 x 2	Schlauch
Rutschsicherung	2	15 x 8 x 1	Schlauch
Endkappe	2	6	Kunststoff
Muffe	2	30 x 6	Holz
Unteres Spreizrohr	1	1500 x 8	GFK-Rohr
Mittelstück	1	25 x 8 x 1	Schlauch
Verbindungsstück	1	15 x 13 x 2	Schlauch
Rutschsicherung	2	25 x 8 x 1	Schlauch
Endkappe	2	6	Kunststoff
Muffe	2	30 x 6	Holz
Seitenrohr	2	1000 x 8	GFK-Rohr
Rutschsicherung	2	15 x 8 x 1,5	Schlauch
Endkappe	2	8	Kunststoff
Seitenrohraufhängung	2	90 x 10	Gurtband
D-Ring	4	10	Aluminium
D-Ringaufhängung	4	80 x 10	Gurtband
Seitentaschen	2	980 x 80	Dacron
Mittelrohr	1	725 x 8	GFK-Rohr
Rutschsicherung	1	25 x 8 x 1	Schlauch
Verbindungsschlauch	1	20 x 7 x 1,5	Schlauch
Mittelrohraufhängung	1	100 x 10	Gurtband
D-Ring	1	10	Aluminium
Lochverstärkung	2	50 x 50	Dacron
Bugschlauch	1	65 x 8 x 3	Schlauch
Bugverstärkung	1	150 x 80	Dacron
Gurtbandverstärkung	1	35 x 50	Gurtband
Hohlbruchschutz	2	30 x 6	Holz

Zu den Abmessungen:
Für Schlauch gilt die Reihenfolge Länge x Innendurchmesser x Wanddicke. Für rechteckige Flachteile gilt Länge x Breite.
Für Körper gilt Länge x Breite x Tiefe. Für Rohre gilt Länge x Außendurchmesser.

Bugverstärkung werden längs der Außenkante zur Vorderseite hin gefaltet.

● Auf die Bugverstärkung wird mittig zusätzlich eine Gurtbandverstärkung aufgenäht (**7**).

● Der Seitentaschenstreifen wird am Bug ca. 10 mm nach innen gefaltet und an die Segelkante angelegt. Den Taschenanfang gut verriegeln (vor- und rückwärts nähen) (**8**). Es ist unbedingt darauf zu achten, daß das Segel am Mittenfalz der Seitentaschen ohne zu knittern anliegt. Beim Nähen darf das Segel auch nicht aus der Tasche herrausrutschen, die Taschenober- und -unterseite dürfen sich nicht gegeneinander verschieben. Sollte dieser relativ schwierige Arbeitsgang nicht zufriedenstellend glücken, Naht am besten auftrennen und neu versuchen.

● Am Tragflächenende wird der überstehende Dacron-

2 Die beiden Segelhälften werden mit halber Kappnaht zusammengenäht. Die erste Naht verbindet die beiden Tuchhälften.

3 Die Segelhälften werden auseinandergeklappt, die Nahtränder nach rechts umgelegt und schmalkantig aufgenäht.

4 Das Umsäumen der Segelhinterkante geht am einfachsten mit dem Saumfuß. Das doppelte Einschlagen macht die Kante stabil.

5 Aufnähen der Bugverstärkung Vorderseite (durchgehende Naht). Die Bugverstärkung wird genau mittig auf das Segel genäht.

6 Aufnähen der Bugverstärkung Rückseite mit Nahtunterbrechung; das ermöglicht das Einführen des Mittelrohrs in die Bugverstärkung.

7 Aufnähen der Gurtbandverstärkung mittig auf die Bugverstärkung. Die überstehenden Ecken der Bugverstärkung umfalten.

8 Einlegen des Segels in die Seitentasche. Die Segelkante muß exakt und gerade am Falz der Seitentasche anliegen.

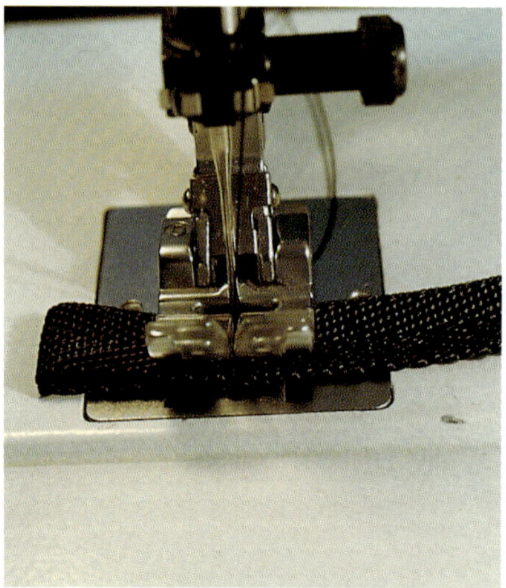

9 Anfertigen der Seitenrohraufhängung. Der Innendurchmesser der Gurtschlaufe sollte 9 mm betragen.

10 Fertige D-Ring- und Seitenrohraufhängung. Die Enden des Gurtbands sind natürlich gut verschmolzen.

11 Einlegen und Festnähen der Seitenrohraufhängung. Sie ist sehr stabil und sorgt auch bei Sturm für ein straffes Segel.

12 Festnähen der linken Seitentasche. Zu erkennen die fertig aufgenähte Mittelrohrtasche von der Vorderseite.

13 Einnähen des D-Rings in die D-Ringaufhängung. Wenn die Nadel gut geführt wird, sitzt der Ring ohne Spiel fest im Gurtband.

14 Festnähen der oberen D-Ringaufhängung. Die Naht ist doppelt ausgeführt. Enorm, welche Kräfte diese Aufhängung aushält!

15 Anlegen der Mittelrohraufhängung (Rückseite). Das untere Ende des Segels etwas einschlagen und mit der Aufhängung festnähen.

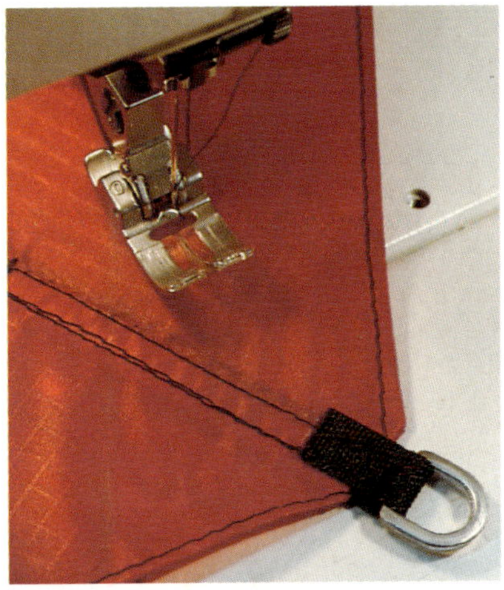

16 Fertig aufgenähte Mittelrohraufhängung von der Vorderseite. Ein Teil des Gurtbands ist nach vorn geklappt und mit festgenäht.

17 Aufnähen der Lochverstärkungen. Die zugeschnittenen Dacronstreifen mittig aufsetzen und mit Zickzackstich festnähen.

18 Ausschneiden der Verbindungslöcher mit kleinem Lötkolben. Für freihändiges Ausschneiden ist etwas Übung erforderlich.

19 Die Begrenzungsnaht für die Seitentaschenöffnung am Bug verhindert das Hin- und Herrutschen der Seitenrohre bei Belastung.

20 Aufschieben des Mittelstücks mit Messingmuffe. Die hier gezeigte Bildfolge entstand zwar beim Bau des Turbo Taifun, doch ist dieser Arbeitsgang bei allen Taifun-Modellen gleich.

21 Festkleben des Mittelstücks mit Sekundenkleber. Wenn Sie eine Nadel dazwischenschieben, zieht der Kleber von selbst in den entstandenen Spalt. Allerdings nur, wenn er eine niedrige Viskosität hat.

22 Aufkleben des Verbindungsstücks auf das Mittelstück; so wird ein besserer Klebeübergang zum Rohr erzeugt. Bei GFK kann das Verbindungsstück auch direkt auf das Rohr geklebt werden.

23 Vorgeben der Drehrichtung durch Verwinden des Verbindungsstücks, während der Kleber aushärtet. Durch diese Vorgehensweise ergibt sich eine noch bessere Klebestelle.

streifen nach innen umgefaltet und die Seitenrohraufhängung (**9**) eingelegt (**11**). Achten Sie darauf, daß die Schlaufe am Mittelfalz der Seitenrohrtasche anliegt. Nun die Segeltasche bis zum Ende zunähen und gut verriegeln. Mit der gegenüberliegenden Seite gleich verfahren.

- Auf die Seitentaschen werden die oberen und unteren D-Ring-Aufhängungen aufgenäht (**13/14**). Bei diesem Arbeitsgang besonders auf Maßhaltigkeit und Symmetrie achten!
- Jetzt wird die Mittelrohraufhängung aufgenäht (**15/16**). Das lange Gurtbandstück kommt auf die Rückseite des Segels.
- Für die Verbindung des Mittelrohrs mit dem oberen bzw. unteren Spreizrohr werden die beiden Lochverstärkungen (**17**) aufgenäht und mit dem Lötkolben zwei Löcher (ca. 20 mm Durchmesser) ausgeschnitten (**18**).
- Die Rohraufnahmen am Bug werden mit einer doppelten Naht auf den Rohrdurchmesser begrenzt (**19**). Sie verhindern ein Verrutschen der Rohre unter Belastung.

Rohrvorbereitung

Auf den Rohrstücken werden einige Klebungen mit Sekundenkleber vorgenommen. Bitte auf ausreichende Sauberkeit der Klebestelle achten und keinen überalterten Kleber benutzen. Nur dann ist eine gute Festigkeit der Klebung gegeben.

- Auf das obere und untere Spreizrohr das Mittelstück als Klebeverbindungshilfe aufschieben und mit Sekundenkleber festkleben (**20/21**).
- Auf dem Mittelstück das Verbindungsstück mit einen Tropfen Sekundenkleber festkleben und während des Aushärtens durch Verwinden dem Verbindungsstück die

24 Aufkleben der Rutschsicherung auf das obere Spreizrohr unter Zuhilfenahme einer Nadel. Bei allen Klebungen mit Sekundenkleber absolut sauber und fettfrei arbeiten. Mit Essigäther reinigen.

25 Einen kleinen Tropfen Kleber in die Endkappe geben; das genügt, um die Holzmuffe (als Hohlbruchschutz für die Bugseite des Seitenrohrs) darin festzukleben.

26 Endkappe und Hohlbruchschutz-Muffe sind durch den Sekundenkleber fest verbunden. Statt der Holzmuffe kann auch GFK-Rohr als Hohlbruchschutz verwendet werden.

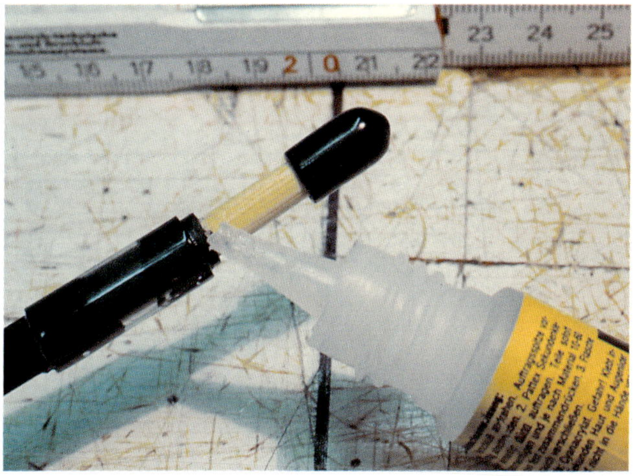

27 Einkleben der Holzmuffe mit Endkappe in das Ende des Spreizrohrs. Nach dem Aufbringen des Sekundenklebers auf die Holzmuffe sollte der Arbeitsgang zügig beendet werden.

Drehrichtung vorgeben (**22/23**).

- An den Enden des oberen und unteren Spreizrohrs werden die Rutschsicherungen aufgeschoben und festgeklebt (**24, 27**). Um den Sekundenkleber unter das Schlauchstück zu bringen, ist eine Nähnadel sehr hilfreich. Abstand zum Rohrende beim oberen Spreizrohr 2 mm, beim unteren 20 mm (**29**).
- In die Rohrenden wird eine Holzmuffe mit aufgeklebter Endkappe eingeklebt (**25–28**).
- In die Bugseite des Seitenrohrs den Hohlbruchschutz einschieben und festkleben (**30/31**). Am anderen Rohrende wird die Rutschsicherung für die Seitenrohraufhängung im Abstand von 35 mm mit Sekundenkleber festgeklebt (**32**).
- Alle Klebeverbindungen gut aushärten lassen.

Zusammenbau

- Die Seitenrohre werden vom Tragflächenende her in die Seitentaschen eingeführt. Am Bug sollte ein kurzes Rohrstück gleichen Durchmessers als Durchführhilfe in die Seitentasche eingeführt werden, damit sich das Seitenrohrende nicht in dem umgeschlagenen Ende der Seitentasche verhakt. Das Seitenrohr wird mit seinem Rutschsicherungsstück an der Schlaufe der Seitenrohraufhängung vorbeigeführt und rückwärts mit seinem Ende durch die Schlaufe zurückgeführt, so daß die Schlaufe gegen die Rutschsicherung stößt.
- Der Bugschlauch wird auf die beiden Seitenrohrenden aufgesteckt.
- Das Mittelrohr wird auf der Rückseite des Drachensegels durch die Verbindung des unteren und oberen Spreizrohrs gesteckt. Das geht relativ schwer, ist aber aus Stabilitätsgründen notwendig. Vor dem Einführen

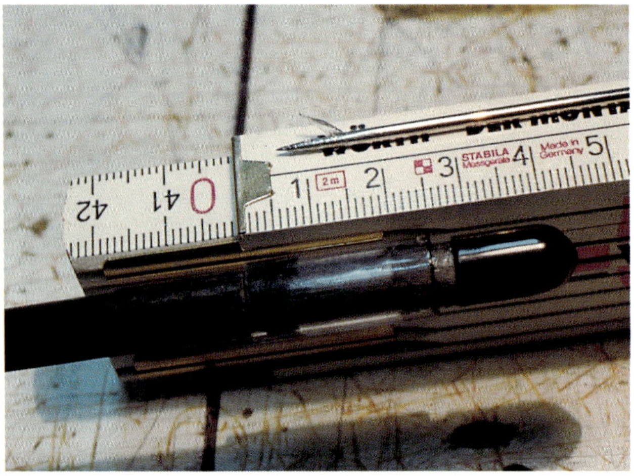

28 Das fertige Ende des oberen Spreizrohrs. Der Abstand zwischen Rutschsicherung und Rohrende ist nur klein (etwa 2 mm).

29 Das fertige Ende des unteren Spreizrohrs. Hier ist ein größerer Abstand zwischen Rutschsicherung und Rohrende angebracht, um die Wölbung eines eventuell ausgeleierten Segels nachstellen zu können.

in die Bugtasche eine Endkappe auf das Mittelrohr stecken.

- In den D-Ring für die Mittelrohraufhängung den Verbindungsschlauch stecken (geht auch schwer, funktioniert aber) und auf das Rohrende stramm aufstülpen.
- Spreizrohre in die seitlichen D-Ring-Aufhängungen stecken.
- Auf die Seitenrohrenden die Endkappen stecken und mit Sekundenkleber festkleben.

Waagebefestigung

- Seitenwaageleine mit Schmelzperlen versehen und in der Mitte der Rutschsicherung der Spreizrohre mit Zuziehknoten festziehen. Die in der Materialliste angegebenen Leinenabmessungen müssen genau eingehalten werden und gelten ohne Schmelzperle (die ca. 5 mm beansprucht).
- Die Innenwaageleinen mit Schmelzperle versehen und auf dem unteren Verbindungsstück mit Zuziehknoten festziehen.
- Abstandsmarkierung auf der Seitenwaageleine mit Filzstift anbringen (vom Bug aus gemessen 610 mm), knapp dahinter Aluminiumring mit doppeltem Lerchenkopf einknoten. Innenwaageleinen mit Zuziehknoten an den Aluminiumringen befestigen.

Um die Segelwölbung zu kontrollieren, messen Sie 300 mm von der Mitte des Spreizrohrs entfernt, neben dem Spreizrohr zur Hinterkante hin und mit leichtem Andruck an das Segel, den senkrechten Abstand zwischen Spreizrohr und Segel. Er sollte ca. 130 mm betragen.

30 In die Bugseite des Seitenrohrs ebenfalls einen Hohlbruchschutz einschieben und mit Sekundenkleber fixieren.

31 Am anderen Ende die Rutschsicherung für die Seitenrohraufhängung aufschieben und festkleben. Der Abstand zum Rohrende sollte etwa 35 mm betragen.

Speed Taifun

Wie der Name schon sagt, ist dieser Drachen noch etwas schneller als sein Vorgänger. Durch seine geringere Tragflächentiefe hat er weniger Fläche und auch eine höhere Streckung. Die bewährte Aufhängung und der Gerüstaufbau wurden vom Taifun übernommen, doch durch das leichtere Kohlefasergerüst beschleunigt er schneller und erreicht bei weniger Wind eine höhere Geschwindigkeit und damit eine größere Zugkraft als dieser. Es ist beeindruckend zu sehen, wie er bei Sturm 80 kg schwere Burschen über die Wiese zieht. Hier möchte ich darauf hinweisen, daß unter extremen Bedingungen schon nach einigen solcher Sturmflüge das Segel überdehnt werden kann. Die Lenk- und Starteigenschaften werden dann zwar besser, aber die Spitzengeschwindigkeit der ersten Flüge ist nicht mehr zu erreichen. Durch Abstandsstücke auf dem unteren Spreizrohr ist zwar eine gewisse Korrektur möglich. Doch nach einiger Zeit muß ein neues Segel her.

Materialliste ***Speed Taifun***

	Menge	Abmessung mm	Material
Segeltuch	1	550 x 1040	52 g/m^2
Außenwaageleine	2	1240 x 1,5	Nylon
Innenwaageleine	2	625 x 1,5	Nylon
Oberes Spreizrohr	1	395 x 6	CFK-Rohr
Mittelstück	1	25 x 6 x 1	Schlauch
Verbindungsstück	1	15 x 13 x 2	Schlauch
Rutschsicherung	2	15 x 6 x 1,5	Schlauch
Endkappe	2	6 x 5	Kunststoff
Unteres Spreizrohr	1	1500 x 8	CFK-Rohr
Mittelstück	1	25 x 8 x 1	Schlauch
Verbindungsstück	1	15 x 13 x 2	Schlauch
Rutschsicherung	2	25 x 8 x 1	Schlauch
Endkappe	2	6	Kunststoff
Muffe	2	30 x 6	GFK-Rohr
Seitenrohr	2	1000 x 6	CFK-Rohr
Rutschsicherung	2	15 x 6 x 1,5	Schlauch
Endkappe	2	6	Kunststoff
Seitenrohraufhängung	2	80 x 10	Gurtband
D-Ring	4	10	Aluminium
D-Ringaufhängung	4	80 x 10	Gurtband
Seitentaschen	2	980 x 80	Dacron
Mittelrohr	1	500 x 6	CFK-Rohr
Rutschsicherung	1	6 x 6 x 1,5	Schlauch
Endkappe	1	6 x 5	Kunststoff
Mittelrohraufhängung	1	100 x 10	Gurtband
D-Ring	1	10	Aluminium
Segelmittenverstärkung	1	500 x 50	Dacron
Bugschlauch	1	50 x 6 x 3	Schlauch
Bugverstärkung	1	150 x 80	Dacron
Gurtbandverstärkung	1	35 x 50	Gurtband

Zu den Abmessungen:
Für Schlauch gilt die Reihenfolge Länge x Innendurchmesser x Wanddicke. Für rechteckige Flachteile gilt Länge x Breite.
Für Körper gilt Länge x Breite x Tiefe. Für Rohre gilt Länge x Außendurchmesser.

Die Waage orientiert sich mehr zur Mitte hin, um einen schnellen Geradeausflug zu gewährleisten. Wer einen rasenden Drehflügel lieber mag, dem kann ich eine längere Waage mit mehr nach außen gelegten Anknüpfpunkten anbieten. Bei dieser Betriebsart und gleichzeitig kurzer Leine sind allerdings viele (ich schließe mich da nicht aus) Piloten in ihrem Reaktionsvermögen überfordert, so daß der Drachen sich, statt gen Himmel zu stürmen, zu Boden stürzt und dort nicht nur Grashalme beschädigt, sondern auch Maulwürfe erschreckt.

Es liegt auf der Hand, daß solche Hochleistungen nur mit optimalen Leinen zu erreichen sind. Ich empfehle Ihnen 100-dNt-, bei Sturm sogar 150-dNt-Spektraleine mit Schutzüberzug und gut in der Hand zu haltenden Griffen, aber ohne Karabinerhaken (die halten· nicht viel aus, haben Gewicht und unnötigen Windwiderstand).

Mehr als 50 m Leinenlänge ist nicht zu empfehlen, denn der Leinenwindwiderstand macht sich dann immer stärker bremsend bemerkbar.

Der Speed Taifun beim 91er Festival auf Fanö – kurz vor dem Start. Bei gleichmäßigem, starkem Wind ist es ein Genuß, diesen auf Geschwindigkeit getrimmten Drachen zu fliegen. Oben: Alle Baumaterialien auf einen Blick.

Baufolge

Die Vorgehensweise für den Bau des Speed Taifun ist – bis auf die Verwendung von CFK- statt GFK-Rohr und das Aufnähen einer Verstärkung auf der Mittelnaht (Seite 55, **1–3**) – genauso wie beim Taifun.

Im Bugbereich sollten alle Teil gut und straff ineinandersitzen (**4–7**), damit nichts verrutschen kann. Die Seitenrohraufhängung muß mit der Schlaufe an den Falz der Seitentasche anstoßen (**8**), weil sonst unter der hohen Zugeblastung im Flug zu viele Falten entstehen würden, die mit ihrem Strömungswiderstand die maximal erreichbare Geschwindigkeit limitieren.

Das 6-mm-Mittelrohr hat am unteren Rohrende eine spezielle D-Ring-Aufhängung, bestehend aus der Rutschsicherung und einer auf die Hälfte gekürzten Endkappe, die auf Rohrende und Rutschsicherung mit Sekundenkleber aufgeklebt wird (**1–8**).

Der Abstand für die Markierung auf dem Seitenwaageseil beträgt, vom Bug aus gemessen, 505 mm.

Wenn Sie auf die maximal erreichbare Geschwindigkeit nicht allzu großen Wert legen und dafür den guten Lenkeigenschaften den Vorrang geben, ist eine etwas längere Waage, die den Drehpunkt mehr nach außen verlagert, richtig. Ihre Abmessungen: Seitenwaageleine 1500 mm, Innenwaageleine 850 mm. Abstand der Markierung, vom Bug aus gemessen, 710 mm.

Um die Segelwölbung zu kontrollieren, messen Sie 300 mm von der Mitte des Spreizrohrs entfernt, neben dem Spreizrohr zur Hinterkante hin und mit leichtem Andruck an das Segel, den senkrechten Abstand zwischen Segel und Spreizrohr. Er sollte ca. 90 mm betragen.

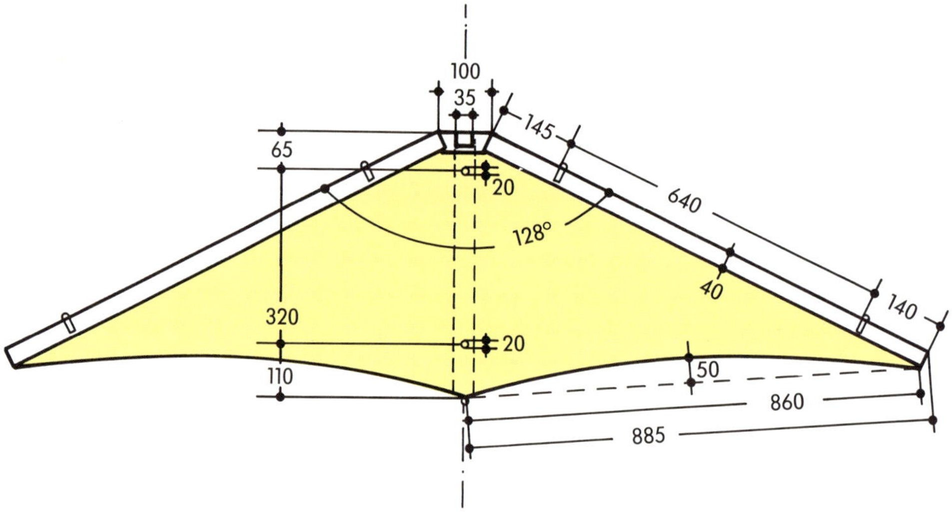

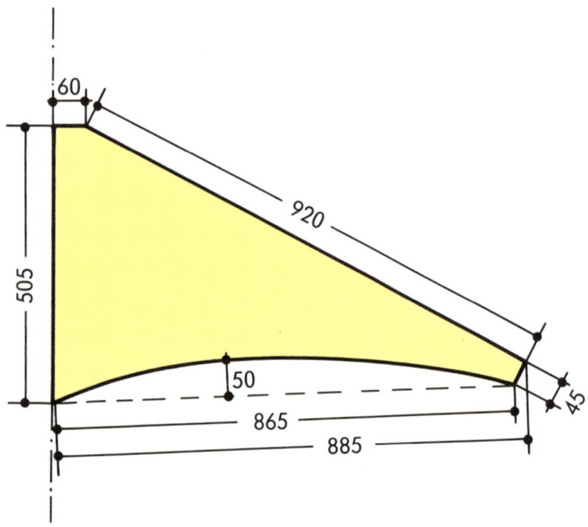

Zuschnitt Segelhälfte

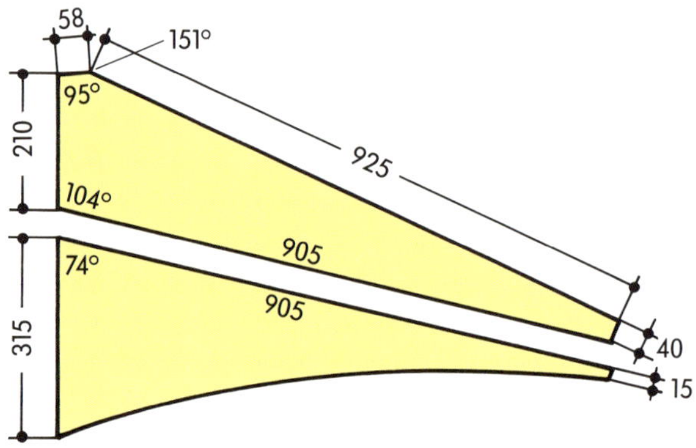

Zuschnitt zweifarbige Segelhälfte

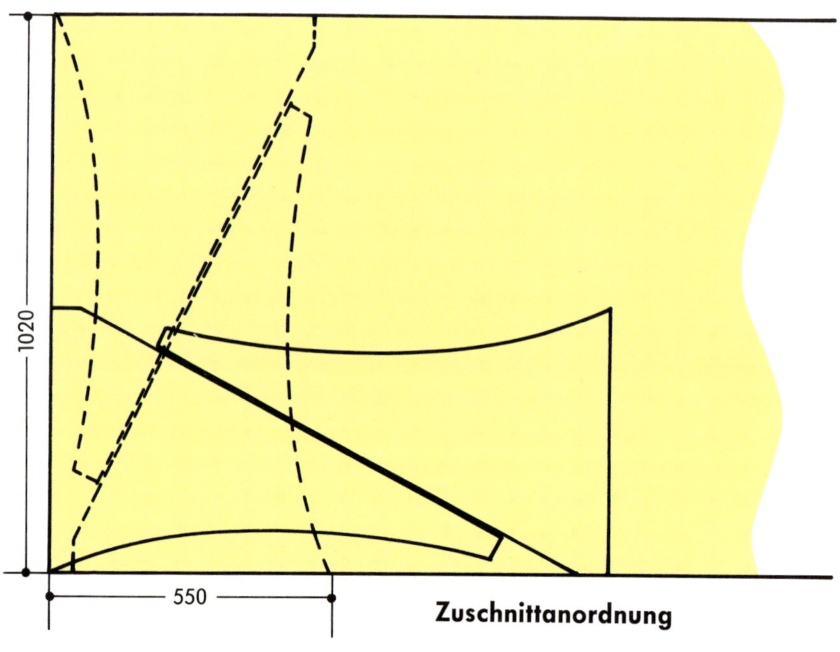

Zuschnittanordnung

1 Das Segel wird wie beim Taifun zusammengenäht. Um sie haltbarer zu machen, wird die Mittelnaht zusätzlich mit Dacron verstärkt.

2 Die Dacronverstärkung wird auf die Mittelnaht gelegt und beidseitig knapp neben der Kante mit Dreifachzickzack aufgenäht.

3 Unten wird die Verstärkung durch Einfalten der Ecken der Hinterkante angepaßt und mit der Mittelrohraufhängung festgenäht.

4 Aufnähen der Bugverstärkung auf die Segelvorderseite. Auch diese Naht in haltbarem Dreifach-Zickzackstich ausführen.

5 Zunähen auf der Rückseite mit unterbrochener Naht, um das Mittelrohr in Bug- und Gurtband-verstärkung einführen zu können.

6 Einlegen des Segels in die Seitentasche. Es ist hier die gleiche Sorgfalt erforderlich, wie beim Taifun beschrieben.

7 Festnähen der Seitentasche auf dem Segel. Den Nahtanfang mindestens dreimal verriegeln, um eine gute Stabilität zu gewährleisten.

8 Einlegen und Festnähen der Seitenrohraufhängung. Das kann kurz vor Abschluß der Seitentaschennaht erfolgen. Nahtende verriegeln.

Turbo Taifun

Sein Konzept ist eigentlich schon vor dem Speed Taifun im Frühjahr 1988 fertig gewesen. Denn unmittelbar nach dem ersten Taifun hatte ich einen weiteren, größeren Taifun (1,5 m Seitenrohr, 1 m Mittelrohr, 0,75 m obere und 2 m untere Spreize) gebaut. Zu dieser Zeit erschien mir das Gerät allerdings zu wuchtig, so daß ich es erst einmal wegstellte. Als ich es mir etwas später erneut vornahm, habe ich zuerst das 1,5-m-Konzept abgespeckt: Das Mittelrohr wurde auf 0,75 m, die obere Spreize auf 0,5 m verkürzt. Durch die Verwendung von CFK-Rohr und einen Segelzuschnitt mit relativ stark gekrümmten hinteren Tragflächenkanten wurde daraus schließlich ein eleganter, großer und gestreckter Drachen, der für seine Größe eine hohe Geschwindigkeit erreicht und große Zugkraft entwickelt. Die Waage ist auf hohe Geschwindigkeit getrimmt. Der Drehmittelpunkt befindet sich bei optimaler Einstellung etwa 0,5 m außerhalb der Flügelspitze.

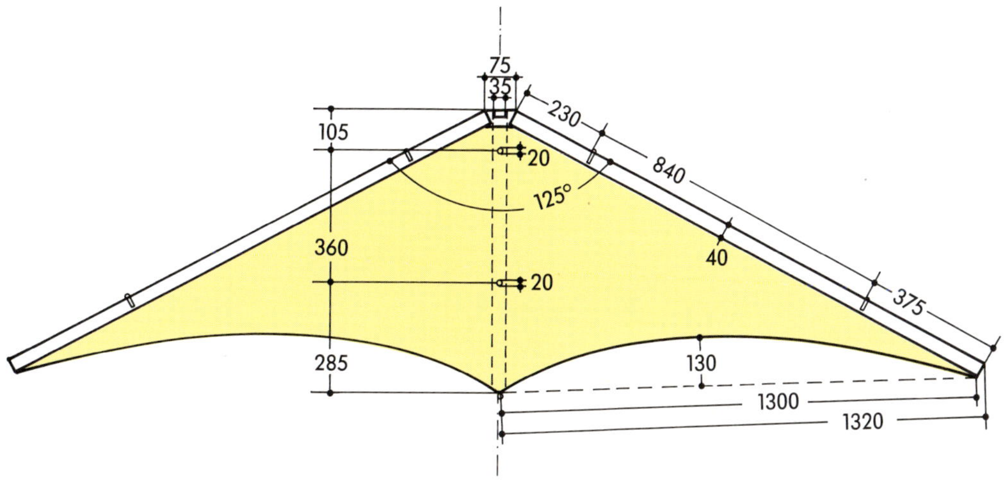

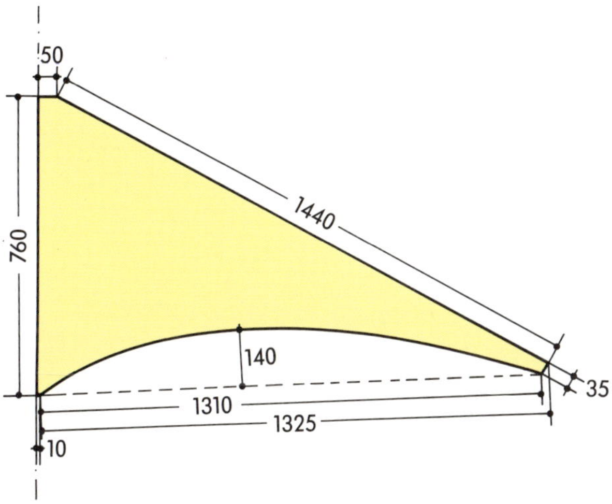

Zuschnitt Segelhälfte

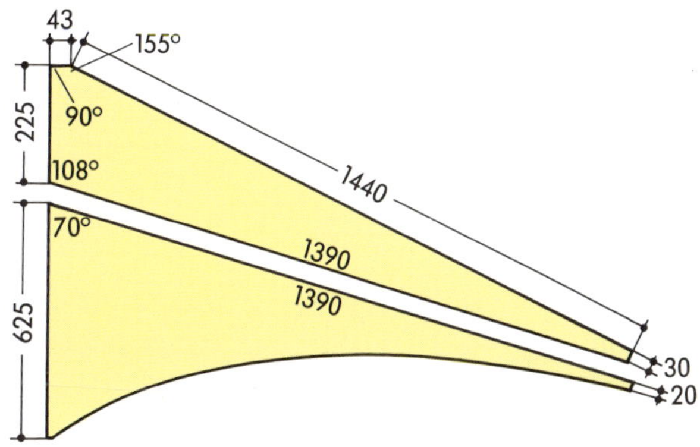

Zuschnitt zweifarbige Segelhälfte

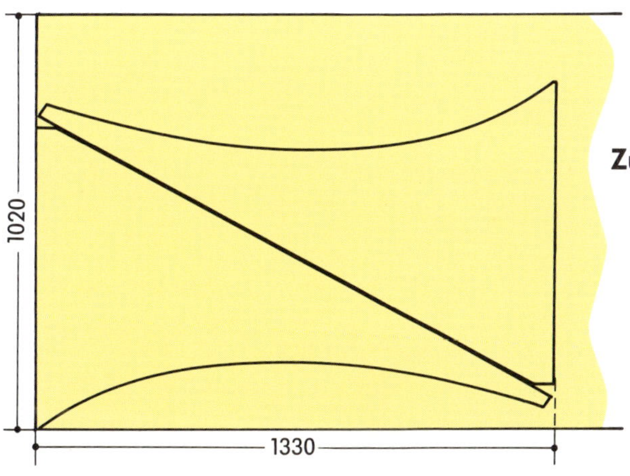

Zuschnittanordnung

Materialliste ***Turbo Taifun***

	Menge	Abmessung mm	Material
Segeltuch	1	1350 x 1040	52 g/m²
Außenwaageleine	2	1930 x 2	Nylon
Innenwaageleine	2	930 x 2	Nylon
Aluminiumring	2	20	Aluminium
Oberes Spreizrohr	1	500 x 8	CFK-Rohr
Mittelstück	1	25 x 8 x 1	Schlauch
Verbindungsstück	1	15 x 13 x 2	Schlauch
Rutschsicherung	2	15 x 8 x 1,5	Schlauch
Endkappe	2	6	Kunststoff
Muffe	2	30 x 6	GFK-Rohr
Unteres Spreizrohr	2	1000 x 8	CFK-Rohr
Rutschsicherung	2	15 x 8 x 1,5	Schlauch
Endkappe	2	6	Kunststoff
Muffe	2	30 x 6	GFK-Rohr
Hohlbruchschutz	2	30 x 6	Holz
Verbindungsmuffe	1	100 x 8 x 2	Aluminium
Verbindungsstück	1	30 x 8 x 3	Schlauch
Seitenrohr	2	1500 x 8	CFK-Rohr
Hohlbruchschutz	2	30 x 6	Holz
Rutschsicherung	2	15 x 8 x 1,5	Schlauch
Endkappe	2	8	Kunststoff
Seitenrohraufhängung	1	100 x 10	Gurtband
D-Ring	2	10	Aluminium
D-Ringaufhängung	4	100 x 10	Gurtband
Seitentaschen	2	1515 x 80	Dacron
Mittelrohr	1	750 x 8	CFK-Rohr
Rutschsicherung	1	25 x 8 x 1	Schlauch
Endkappe	1	8	Kunststoff
Mittelrohraufhängung	1	100 x 10	Gurtband
D-Ring	1	10	Aluminium
Verbindungsschlauch	1	25 x 7 x 1,5	Schlauch
Segelmittenverstärkung	1	700 x 50	Dacron
Bugschlauch	1	70 x 8 x 3	Schlauch
Bugverstärkung	1	150 x 70	Dacron
Gurtbandverstärkung	1	35 x 40	Gurtband
Hohlbruchschutz	2	30 x 6	Holz

Zu den Abmessungen:
Für Schlauch gilt die Reihenfolge Länge x Innendurchmesser x Wanddicke. Für rechteckige Flachteile gilt Länge x Breite.
Für Körper gilt Länge x Breite x Tiefe. Für Rohre gilt Länge x Außendurchmesser.

Baufolge

Die Vorgehensweise beim Bau des Turbo Taifun deckt sich mit der beim Aufbau des Taifun und des Speed Taifun. Das 8-mm-Mittelrohr hat die gleiche D-Ring-Aufhängung wie der Taifun. Durch den mehrfarbigen Segelzuschnitt (vgl. Abb. rechte Seite oben) ist eine Vorprofilierung des Mittenbereichs möglich, so daß

sich ein etwas gefälligeres Start- und Lenkverhalten ergibt. Das Durchführen des Mittelrohrs durch das untere und obere Verbindungsstück (Seite 60, **6**) erfordert zwar einen gewissen Kraftaufwand, ist aber wegen der stabileren Gerüstgeometrie notwendig. Die Mittelrohraufhängung wird mit dem bereits in den D-Ring eingesetzten Verbindungsstück (**7**) auf das Mittelrohr aufgeschoben. Das untere Spreizrohr besteht, wegen der Größe des Drachens, aus zwei 1000-mm-Stücken. Die Muffe wird über ein kurzes Schlauchstück mit dem Mittelrohr verbunden. Hier setze ich eine speziell für den Turbo Taifun angefertigte Alu-Muffe ein, die in der Mitte einen überstehenden Ring aufweist, der in das Verbindungsstück einrastet und ein Verschieben der Muffe verhindert (**8**). Bei der Verwendung einer Messingmuffe können Sie wie beim DüsselTempo vorgehen (Seite 36, **8**).

Die Markierung zur Waageeinstellung auf der Seitenwaageleine wird, vom Bug aus gemessen, bei 850 mm angebracht. Für die richtige Segelwölbung muß der Abstand zwischen Spreizrohr und Segel, 400 mm von der Mitte des Spreizrohrs entfernt und neben dem Spreizrohr zur Hinterkante hin senkrecht gemessen, ca. 130 mm betragen.

Der Turbo Taifun ist groß (wie dieses Festival-Foto aus Ahmedabad in Indien beweist), dennoch kräftig und schnell. Bei starkem Wind wird man von ihm regelrecht weggezogen. Oben: Die Einzelteile für den Turbo Taifun im Überblick.

1 Zusammennähen der nach Farbe geteilten Segelhälften. Das Segel kann dadurch in der Mitte bereits leicht vorprofiliert werden.

2 Umlegen und Aufsteppen der halben Kappnaht. Durch die zusätzliche Naht ist dieser Turbo nur unwesentlich langsamer.

3 Umsäumen der Segelhinterkante zur Rückseite hin. Das geht am besten mit dem Saumfuß auf der Nähmaschine.

4 Aufnähen der Bugverstärkung auf die Segelvorderseite mit durchgehender gerader Naht.

5 Aufnähen der Mittelrohraufhängung. Die Nahtverstärkung ist etwas kurz geraten, eine Flugbeeinträchtigung bewirkte das nicht.

6 Einführen des Mittelrohrs durch die Verbindungsstücke der Spreizrohre. Das geht ziemlich schwer, doch muß alles fest sitzen.

7 Das noch nicht aufgeschobene Verbindungsstück zum Mittelrohr. Es muß fest sitzen, daher ist auch dieser Vorgang etwas anstrengend.

8 Eine Besonderheit beim Turbo: die Verbindungsmuffe für das untere Spreizrohr. Daneben eine 8-mm-Lochstanze.

Geschwindigkeitsmessung bei schnellen Lenkdrachen

Je schneller ein Lenkdrachen fliegt, um so aufregender wird es, ihn zu steuern. Denn in gleichem Maße, wie die Reaktionszeiten immer kürzer werden, wird die Kraft, die man aufwenden muß, um den Drachen festzuhalten, immer größer.
Bei der Konstruktion der Taifun-Drachen stand das Erreichen einer hohen Geschwindigkeit im Vordergrund. Die maximal zu erreichende Geschwindigkeit hängt jedoch nicht nur vom Aufbau des Drachens (von dessen Form und Festigkeit) ab, sondern auch von der Windgeschwindigkeit und der verwendeten Lenkleine (Länge und Durchmesser).
Die Geschwindigkeit [V] eines Lenkdrachens wird berechnet, indem man den Weg [s], den der Drachen zurücklegt, durch die Zeit [t] teilt. Dieses Prinzip wird bei allen Geschwindigkeitsmessungen angewendet (beispielsweise auch bei Radarmessungen oder bei Lichtschranken). Anfangs hatte ich vor, mit zwei Mikrofonen und einem Stereo-Recorder die Geräuschmaxima des vorbeifliegenden Drachens aufzunehmen und dann mit einem Oszilloskop auszuwerten. Doch dann entschied ich mich für ein bequemeres Verfahren: nämlich, die Geschwindigkeit fotografisch zu ermitteln, indem auf einem bei Höchstgeschwindigkeit aufgenommenen Foto die Bewegungsunschärfe ausgemessen wird. Zur Sicherheit fertige ich bei dieser Methode, unter den gleichen Bedingungen wie später beim Fliegen, immer ein Foto des stillstehenden Drachens an, das später als Referenzfoto für die Bezugsgrößen dienen kann.
Die ersten Messungen nach dieser Methode nahm ich am 9.1.1988 zusammen mit Rolf Seligmann auf den Düsseldorfer Rheinwiesen vor. Die Windstärke lag bei 5 Bf. Ich lenkte den Taifun, Rolf Seligmann machte die Fotos (Belichtungszeit 1/30 sec). Das Foto mit dem schnellsten Taifun ergab 185 km/h. Das lag etwas über dem damaligen Rekord, den mit 172 km/h ein Flexifoil hielt (nach einem Bericht in „Kitelines").
Die nächste Messung erfolgte am 6.4.1988 zusammen mit Werner Platen. An diesem Tag hatte der Wind plötzlich stark aufgefrischt, und Werner Platen bot sich an, schnell seine Kamera zu holen. Ich schätze, die Windböen hatten eine Stärke von etwa 6 Bf. Um mehr Kontrast auf dem Foto zu erhalten, belichtete Werner mit 1/60 sec. Die Auswertung ergab eine Höchstgeschwindigkeit von 222,44 km/h. Ein Beweis für die große Leistungsfähigkeit der Taifun-Drachen – zumal auch bei dem gemessenen Taifun, wie in den Bauanleitungen angegeben, GFK-Rohr verwendet wurde.
Ähnlich funktioniert auch eine Geschwindigkeitsmessung per Video, wobei die Bildwechselfrequenz (pro Bild 1/25 sec) zugrunde gelegt wird. Spielt man das Videoband ab, kann mit der Einzelbildfunktion an der entsprechenden Stelle von einem Bild zum nächsten geschaltet und mit einem Filzstift der zurückgelegte Weg auf dem Bildschirm markiert werden. Die Bezugsgröße für den Weg bildet der Drachen selbst, dessen genaue Abmessungen (Spannweite, Tiefe), soweit nicht bekannt, vorher ermittelt werden müssen.

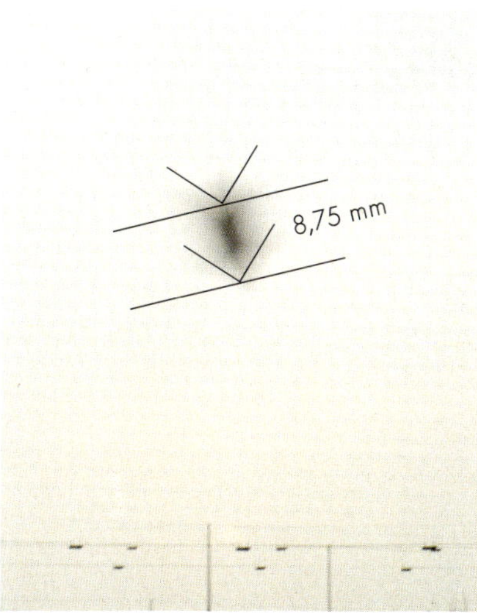

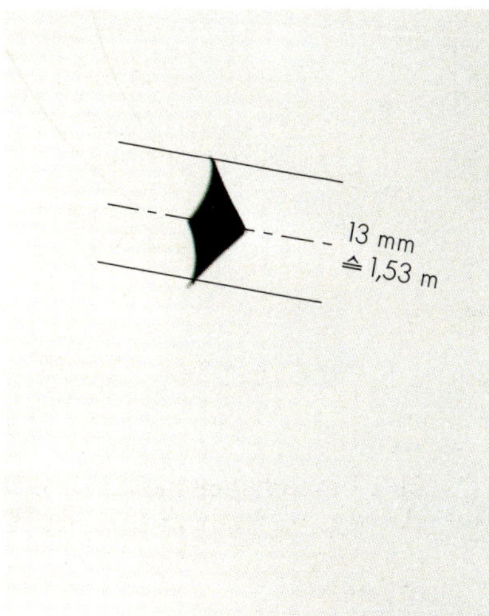

Geschwindigkeit

$$v = \frac{s}{t}$$

$$s = \frac{1{,}53}{13\ \text{mm}} \cdot 8{,}75\ \text{mm}$$

$$t = \frac{1}{60}\ \text{sec}$$

$$v = \frac{1{,}53\ \cancel{\text{m}} \cdot 8{,}75\ \cancel{\text{mm}} \cdot 60 \cdot 3\,600\ \cancel{\text{sec}} \cdot 1\ \text{km}}{13\ \cancel{\text{mm}} \cdot 1\ \cancel{\text{sec}} \cdot 1000\ \cancel{\text{m}}}$$

$$v = 222{,}44\ \text{km/h}$$

Aufnahmen bei 1/60 sec

Lenkbare Parafoils

Mit Jalberts Parafoil-Drachen, Mitte der 60er Jahre zum Patent angemeldet, begann eine aufregende Ära stabloser Drachen, deren Entwicklung noch keineswegs abgeschlossen ist. Von Anfang an übten die flexiblen Lenkdrachen mit ihren guten Flugeigenschaften eine besondere Faszination auf mich aus. So habe ich denn auch bald selbst einen lenkbaren Parafoil entwickelt, den Prototyp für den nachfolgend vorgestellten Booster, der gut selbst zu bauen ist. Er kommt mit einem Minimum an Zugkraftabnahmen aus. Sie sind durch das untere Drachensegel durchgeführt und im Innern des Drachens an den Profilrippen befestigt. Unter der einseitigen Zugbelastung beim Lenken werden auf dem Profil flächige Verformungen erzeugt, die den Luftströmungswiderstand erhöhen und die Lenkung des Drachens mit unterstützen. Gleichzeitig wird an der Drachenunterseite der Strömungswiderstand durch die im Drachen liegenden Befestigungspunkte insgesamt verringert, so daß der Drachen mit extrem wenig Wind fliegt. Aufgrund dieser hervorragenden Flugeigenschaften kann der Parafoil ohne weiteres in skulpturelle Flugobjekte umgeformt werden und Ihnen damit als ideales „Grundmodell" für Ihre kreative Betätigung dienen.

Übrigens: Alle grundlegenden Profile für den Bau der nachfolgenden Parafoil-Drachen finden Sie in Originalgröße auf dem beiliegenden Schnittmusterbogen.

Aufbau und Wirkungsweise der Profile für stablose Drachen

Das Profil, egal ob bei Flugzeug oder Drachen, soll in erster Linie Auftrieb mit möglichst wenig Widerstand erzeugen. Sind keine Leitwerke (wie zum Beispiel bei einem Nurflügelflugzeug) vorhanden, muß das Profil selbststabilisierend sein, oder eine hochkomplexe Regelung muß die Stabilitätssteuerung über Steuerklappen übernehmen (Stealthbomber).

Das erste selbststabilisierende Profil ist 1927 von Alexander Lippisch an dem Segelflugzeug „Storch I" als Außenprofil eingesetzt worden. Die Hauptstabilität wurde aber immer noch durch die Pfeilflügelform erreicht. Weiter perfektioniert wurde die Idee des Nurflügels von Reimar Horten in den 30er und 40er Jahren durch den Einsatz von S-Schlagprofilen (s. Literaturhinweise Seite 96).

Der erste Drachen, der mit einem selbststabilisierenden Profil ausgerüstet war (und heute noch ist), ist der 1975 patentierte „Flexifoil". Der erste flexible Lenkdrachen war dann 1987 der „Skyfoil" von Skynasaur.

Etwa zu diesem Zeitpunkt experimentierte auch ich erstmals mit flexiblen Lenkparafoils, ausgehend von meinem Parafoil mit dreieckigen Zellen. Doch eben wegen dieser Zellenform und des ungenügenden Profils flogen die Versuchsdrachen mehr schlecht als recht. Schließlich befestigte ich an einem modifizierten, 3 m langen, flexifoilähnlichen Versuchsdrachen eine Waage – und siehe da, es funktionierte! Durch die günstige Profilform und die Selbststabilisierung konnte ich die Waagebefestigung bis auf eine Ebene reduzieren und hatte nur noch einen Befestigungspunkt pro Profilrippe. Um den Luftwiderstand zu reduzieren, bin ich dann mit der Waagebefestigung in den Drachenkörper hineingegangen. Die ersten Flugversuche damit zeigten, daß sich die Lenkeigenschaften verbessert hatten.

Die Funktion des selbststabilisierenden Profils ergibt sich aus der Form. Die Form der einzelnen Profilrippe gibt dem Drachensegel die Vorgabe für die Gesamtform des aufgeblähten Drachens, die wiederum stark von den Abständen der Rippen und Zwischenrippen abhängt. Je mehr Rippen eingesetzt werden, um so näher wird das Gesamtprofil dem Einzelprofil der Profilrippen angenähert. Das heißt aber nicht gleichzeitig, daß die Flugeigenschaften des Drachens dann deutlich besser würden, denn da durch so eine Vorgehensweise auch die Gesamtprofildicke abnimmt, muß das Einzelprofil meist dicker ausgelegt werden. In diesem Zusammenhang möchte ich auch auf die mechanische Stabilität des Gesamtdrachens hinweisen, denn je größer das Innenvolumen des Drachens ist, desto steifer wird der Drachen aufgebläht.

Da für mich die Leichtwindeigenschaften eines Drachens entscheidend sind, benutze ich relativ dicke Profile. Die durchschnittliche Profildicke beim Einzelprofil beträgt ca. 15 % der Tragflächentiefe. Der Bugbereich des Obersegels ist sehr steil ausgebildet und erzeugt einen kräftigen Auftrieb, während das mittlere bis hintere Untersegel Abtrieb erzeugt. Dies bewirkt, daß die Tragfläche sich quer zum Wind anstellen will. Der Waagepunkt ist so angeordnet, daß sich im Flug ein stabiles Gleichgewicht zwischen Auf- und Abtrieb am Waagepunkt einstellt.

Die für lenkbare Parafoils wichtigsten Profile

1. Das klassische NACA-Profil „Clark Y". Wegen seiner geraden Unterseite bei den tragflächenbauenden Modellbauern so beliebt, weil das Straken (Aneinanderreihen) der Profilrippen mit einer geraden Unterkante bedeutend einfacher geht.

2. Ein Parafoilprofil für einen Jalbert-Parafoil (aus „Kites" von David Pelham).

3. Profil des „Paraflex" (aus „Lenkdrachen bauen und fliegen" von Wolfgang Schimmelpfennig).

4. Profil von „Spoetnik" (aus „Stuntvliegers" von Servaas van der Horst und Nop Velthuizen).

All diese Profile sind nicht selbststabilisierend, der Anstellwinkel muß über eine Waage eingestellt werden.

5. Das erste bei Lenkdrachen angewendete selbststabilisierende Profil des „Flexifoil" (aus „Stuntvliegers").

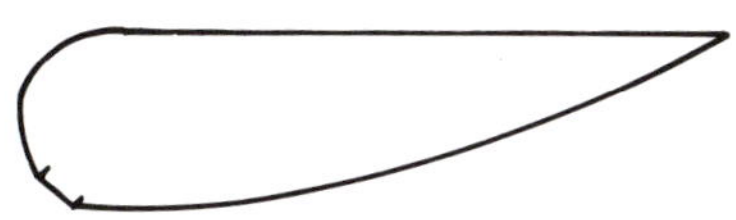

6. Das Profil des „Booster" (Seite 64), das einen selbststabilisierenden Tragflügel ohne Spreize ermöglicht.

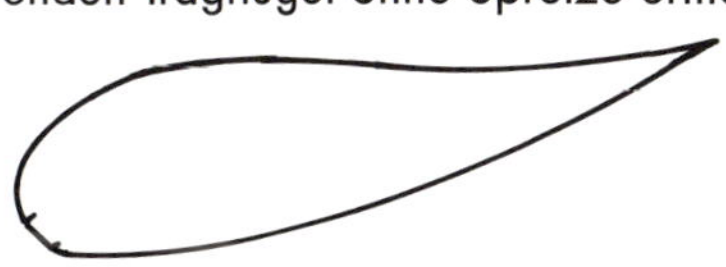

7. Ein Profil mit S-Schlag, wie es in Frankreich eingesetzt wird (aus „Voiles & Voiliers" von Sylvain Berthomme).

Booster

Da mir die flexiblen Lenkdrachen besonders am Herzen liegen, möchte ich zur Entstehung dieses Drachens etwas weiter ausholen.
Grundlage seines Konzepts war ein modifizierter Flexifoil mit 3 m Spannweite. Die Hauptprofile wurden in einem Abstand von 300 mm gesetzt, der Zwischenraum pro 100 mm mit je einem kurzen Bugprofil bestückt. Das verwendete Profil (seine Höhe betrug ca. 15 % der Tragflächentiefe) war leicht asymmetrisch und unten stärker gekrümmt als die Oberseite. Der obere Bug hatte noch nicht die starke Krümmung, wie sie durch die bei der nachfolgenden Bauanleitung verwendeten Profile entsteht. Um eine zu starke Durchbiegung des als Spreize verwendeten 12-mm-GFK-Rohrs zu verhindern, habe ich, zusätzlich zu den beiden seitlichen Waagebefestigungen, noch eine zentrale Mittelwaage angebracht.
Die erhofften guten Flugeigenschaften blieben allerdings bei den ersten Flugversuchen aus. Zum einen hatte ich die Rohraufnahmetasche zu weit nach vorn zum Bug hin angeordnet, zum anderen war die Bugoberseite zu schwach gekrümmt (s. oben), um im vorderen Bereich noch genug Auftrieb zu erhalten. Somit hatte ich einen zu flach eingestellten Drachen, der bei Loopings Strömungsabrisse produzierte und beim Überkopfflug seitlich abschmierte. Da mir eine Überarbeitung zu kompliziert erschien, verstaute ich das eingerollte Segel erst einmal hinter meiner Werkstattür.
Ein Jahr später holte ich es wieder hervor. Ich knüpfte eine Waage an das untere Segel, und nach einigen Versuchen mit verschiedenen Waageeinstellungen flog mein ehemaliger Flexifoil ohne Spreizrohr einwandfrei. Die Lenkbarkeit war dank der zentralen Waageanbringung ausgezeichnet, und durch das dicke Profil hatte der Drachen gute Leichtwindeigenschaften. Durch die einstellbare Waage konnte ich nun den richtigen Arbeitspunkt der Tragfläche einstellen.
Doch bis es soweit war, verging ein weiteres halbes Jahr. In dieser Zeit machte ich meine Düsseldorfer Drachenfreunde erst einmal mit den Eigenschaften und dem Bau meiner Matten bekannt. Unser Ziel war es, mit möglichst vielen Matten so etwas wie Teamflug auf die Beine zu stellen. Wir hatten 13 Matten mit je 2,4 m Spannweite gebaut. Die Spannweite hatte ich verringert, damit der Zug nicht zu groß ist. Auch hatte ich das Profil verbessert und alle Drachen mit einer zweireihigen Waage versehen. Um die Leichtwindeigenschaften weiter zu verbessern, legte ich die Waagebefestigung in den Drachenkörper, bei einer Versuchsmatte ging ich mit der Befestigung bis an das obere Drachensegel. Ich stellte fest, daß unter Zugbelastung die Profilform durch flächige Vertiefungen verändert wurde. Diese wurden bei einseitiger Zugbelastung auf der einen Seite größer und auf der anderen kleiner. Dadurch veränderte sich natürlich auch einseitig der Luftwiderstand der Tragfläche, was wiederum eine verbesserte Lenkbarkeit zur Folge hatte. Dieses Prinzip der Tragflächensteuerung für Lenkdrachen war neu. Ich habe in Europa und den USA Patente darauf angemeldet.
Durch die Einpunktbefestigung und das Wegfallen der Waage wurden jedoch auch Probleme verstärkt, wie zum Beispiel die Neigung der Tragfläche, bei höheren Windgeschwindigkeiten zu pulsieren. Bei Stäbchendrachen ist die Ursache dafür meist ein zu schwacher Gerüstaufbau und falsch gewählte Befestigungspunkte der Waage. An einem flexiblen Lenkdrachen ist dieses Problem jedoch komplexer. Ich habe viele Profil- und Tragflächenformen ausprobiert und bin schließlich auf zwei hauptsächliche kritische Punkte gestoßen. Erstens darf der Zugabnahmepunkt nicht zu steil eingestellt sein, zweitens muß der Lufteinlaß etwas tiefer und schräger angeordnet sein. Positiv wirkt sich auch der Wegfall der hinteren Ecken aus. Man erreicht damit eine bessere Auftriebsverteilung, und die an den Ecken sich ablösenden Luftwirbel verteilen sich etwas auf die Hinterkante.
Durch all diese Maßnahmen entstand schließlich eine Tragfläche, die den größten Windbereich hat, in dem Drachen fliegen können.
Für den kreativen Drachenbauer eignet sich mein Aufbauprinzip in besonderem Maße, weil das Unter- bzw. Obersegel beim Zusammennähen der Profile nicht zerteilt werden muß. Sie können also in aller Ruhe für das Segel ein schönes Motiv fertig zusammennähen, bevor Sie darauf dann die Profile festnähen.
Die Detailfotos der einzelnen Bauphasen (Seite 68–71) sind übrigens beim Bau eines Tractor (Seite 75) entstanden. Sie können diese Anleitungen jedoch für alle flexiblen Bauprojekte nutzen.

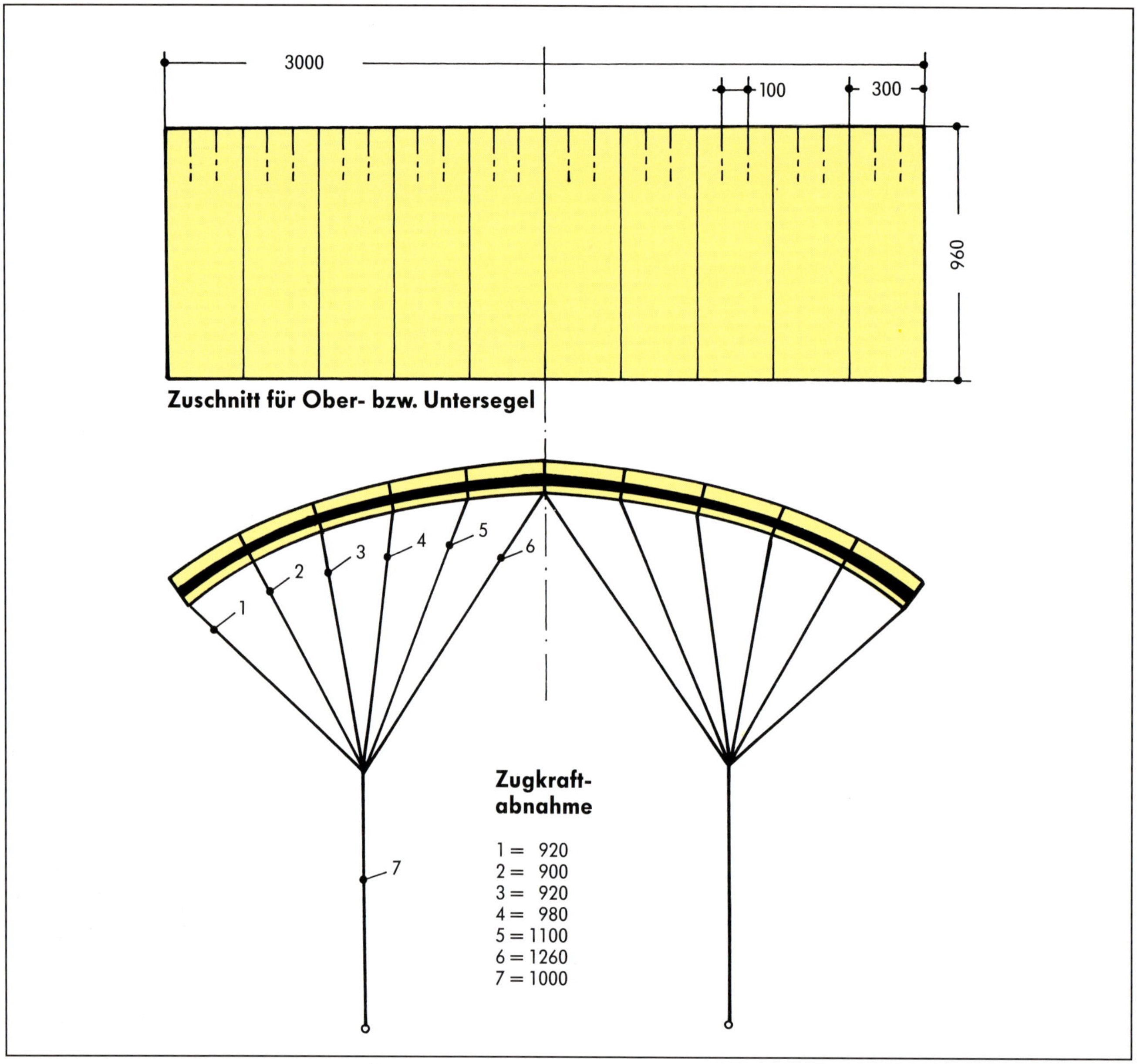

Materialliste ***Booster***

	Menge	Abmessung mm	Material
Segeltuch	1	9000	Nylon 52 g/m^2
Gurtband	1	2500 x 10	Nylon
Zugleine	1	13 000 x 2	Nylon
Hauptzugleine	2	1000 x 2	Nylon
Aluminiumring	2	10	Aluminium

Baufolge

Segelanfertigung

- Ober- und Untersegel nach nebenstehender Zeichnung zuschneiden.
- Haupt- und Bugprofile (s. Schnittmusterbogen) mittels Schablone ausschneiden, am besten heiß mit Lötkolben (Seite 68, **1/2**). Wenn möglich, auf gleiche Gewebestruktur achten.
- Gurtbänder für die Profile (etwas länger als die entsprechende Linie im Schnittmusterbogen) zuschneiden. Die Enden mit einem Gasfeuerzeug verschweißen, oder gleich mit Lötkolben zuschneiden.
- Nähhilfslinien rechtwinklig auf Ober- und Untersegel zeichnen (**3**), ebenso die Hauptprofile mit Nähhilfslinien (s. Schnittmusterbogen) versehen (**4**).
- Vorderkante (Bug) von Ober- und Untersegel nach innen (zur Seite mit den Hilfslinien) umsäumen (**5**).
- Haupt- und Bugprofile an der Lufteinlaßkante, bei den kurzen Bugprofilen auch an der Hinterkante, umsäumen (**6/7/8**). Wichtig: An der Lufteintrittskante des Profilzuschnitts sind für das Umsäumen 8 mm eingerechnet worden. Da die Größe der Lufteintrittsöffnung mitentscheidend für das Flugverhalten ist, sollten diese 8 mm unbedingt genau eingehalten werden.
- An der Lufteintrittskante der Profile mittig die Größe der Öffnung für den späteren Nähanfang markieren.
- Gurtbänder auf die Hauptprofile nähen, am besten mit Dreifach-Zickzackstich (**9**). Bei den beiden Außenprofilen auf Spiegelbildlichkeit achten, damit sich nachher die Gurtbänder im Drachensegel befinden.

Segelmontage

- Die beiden Außenprofile auf links auf das Obersegel nähen. Am Lufteinlaß beginnen. Anfang und Ende der Naht dreimal verriegeln, dabei möglichst nicht auf derselben Stelle nähen, damit das Tuch nicht unnötig perforiert wird. Eine optimale Nahtfestigkeit ist mit Dreifach-Zickzackstich zu erreichen. Der mittlere Nahtabstand von der Kante beträgt 10 mm.
- Das Segel auf rechts wenden und innen die Profile auf das Obersegel (mit der stärkeren Bugkrümmung) aufnähen.
- Von links beginnend, die innenliegenden kurzen Bugprofile und Hauptprofile nacheinander auf das Obersegel aufnähen. Alle Profile gleichmäßig (tangential) ansetzen, die Rundung sauber ausnähen (**10/11**).
- Die beiden Außenprofile auf links auf das Untersegel nähen. An der Lufteintrittskante beginnen (**12**). Die überstehenden Gurtbandenden nach innen umlegen und doppelt vernähen.
- Das Segel wieder auf rechts wenden und, von links beginnend, die Profile auf das Untersegel aufnähen. Die überstehenden Gurtbandenden werden auf die Gegenseite des Hauptprofils umgeschlagen und die Gurtbandnaht doppelt genäht (**3,18**). Das letzte innenliegende Hauptprofil ist aus Platzgründen etwas schwieriger einzunähen. Wenn Sie die letzten kurzen Bugprofile zum Schluß annähen, haben Sie etwas mehr Spielraum für das Einnähen des Hauptprofils (**14**).
- Das Ober- und Untersegel an der Hinterkante mit gerader Naht zusammennähen. Eventuell ungleiche Längen vermitteln (**15**).
- Überstehendes Ober- und Untersegel an der Hinterkante abschneiden. Abstand zur Naht beim Obersegel 10 mm, beim Untersegel 20 mm (**16**).
- Hinterkante fertig zunähen. Zuerst die überstehenden 10 mm des Untersegels umschlagen, dann zusammen nochmals ca. 10 mm umschlagen und mit gerader Naht zusammennähen (**17**).
- Im Segel die umgeschlagenen Gurtbandenden auf dem Gurtband des Hauptprofils mit 3 mm Abstand zum Gurtbandende doppelt festnähen (**18**).
- Auf dem Untersegel das doppelte umgeschlagene Gurtband doppelt festnähen (**19**). Auf diese Weise wird der Durchführpunkt des Waageseils besser fixiert und ein Einreißen des Segels vermieden.

Montage der Zugleinen

- Die Leinen auf Länge zuschneiden und paarweise auf dem Arbeitstisch auslegen.
- Die erste Leine, von der linken Drachenseite beginnend, mit einer dicken Stopfnadel (ca. 2 mm) zuerst durch das Profilgurtband, dann durch die doppelte Gurtbandlage auf dem Untersegel ziehen. Der Durchführpunkt sollte in der Mitte des Gurtbands und der beiden Nähte am Gurtbandende liegen.
- Die durchgezogene Leine an der Segelseite mit einer Schmelzperle versehen und dann mit Zuziehknoten um die Gurtbandschlaufe am Profil nach innen hin festziehen (**20/21**).
- Zweiten und dritten Arbeitsgang wiederholen, bis alle Zugleinen befestigt sind. In der Drachenmitte zwei Zugleinen durchführen und befestigen (**22**).
- Je Drachenhälfte werden die entsprechenden Leinen zusammengeführt und mit einer großen Schmelzperle gleichmäßig zusammengeschmolzen.
- Um ein Verwickeln der Leinen zu verhindern und ein schnelles Zusammenlegen des Drachens zu ermöglichen, sind zwei Hauptzugleinen (1000 mm lang) herzustellen. Die Enden werden mit Schmelzperlen versehen. Ein Ende wird mit Zuziehknoten um die große Schmelzperle festgezogen, am anderen Ende wird mit Zuziehknoten ein Alu-Ring befestigt.
- Wenn alles geklappt hat, ist der Booster jetzt fertig!

1 Zuschneiden der Hauptprofile mit dem Lötkolben. Die Fotos fürs Zuschneiden sind zwar beim Bau eines Tractor (Design Barcelona) entstanden, treffen aber auf alle lenkbaren Parafoils zu.

2 Zuschneiden der Bugprofile. Da diese Profile nur wenig Tuch benötigen, können sie auch aus Resten zugeschnitten werden.

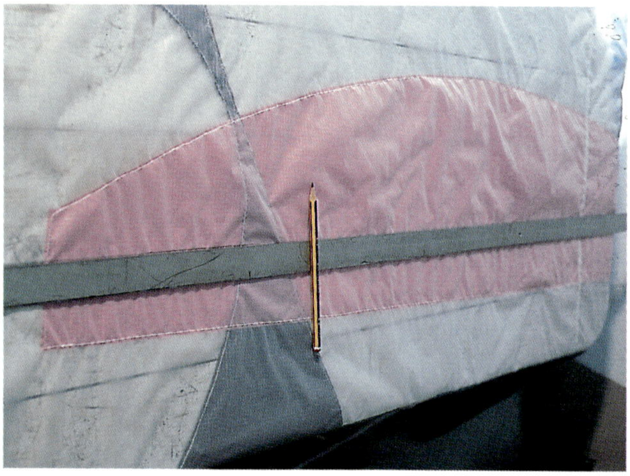

3 Aufzeichnen der Nähhilfslinien auf Unter- und Obersegel. Die von der Tischoberfläche durchscheinenden Hilfslinien werden mit Hilfe von Lineal und Bleistift auf dem Tuch nachgezogen.

4 Markieren der Nähhilfslinien zum Aufnähen der Gurtbänder auf dem Hauptprofil. Auf diese Linien werden mittig die Gurtbänder aufgenäht, an denen später die Zugleinen befestigt werden.

5 Umsäumen der Lufteintrittskanten von Unter- und Obersegel, mit dem Saumfuß auf der Nähmaschine. Der Saum wird nach innen, zu den Nähhilfslinien hin, eingeschlagen.

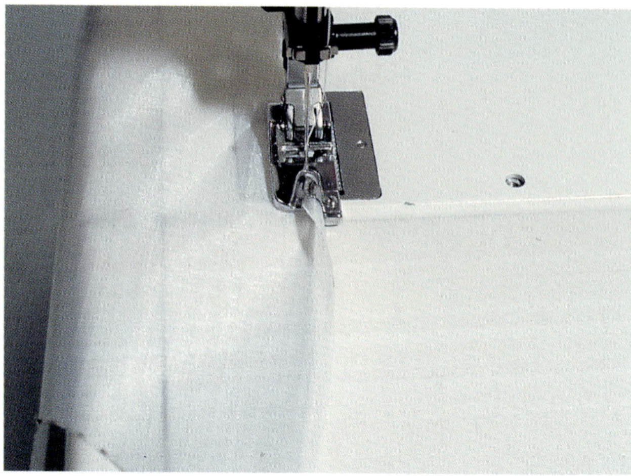

6 Umsäumen der Vorderkante aller Bugprofile. Das geht schneller, indem Sie ohne abzusetzen immer das nächste Profil anlegen und durchnähen. Zum Schluß das Garn zwischen den Profilen durchschneiden.

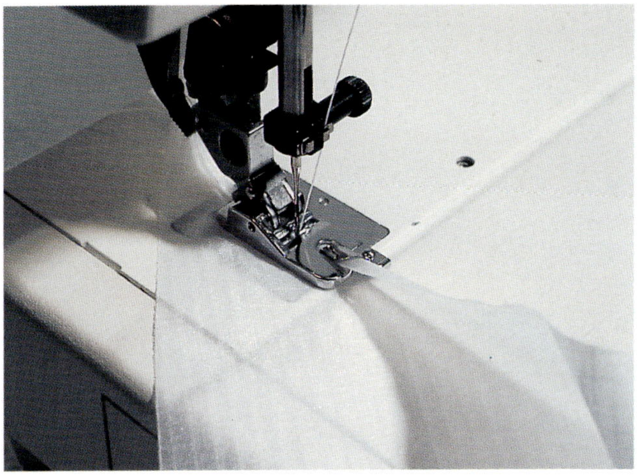

7 Umsäumen der Hinterkante des Bugprofils. Dieser Arbeitsgang ist aus Stabilitätsgründen notwendig. Dabei kommt es in erster Linie auf Genauigkeit, nicht so sehr auf die Optik an.

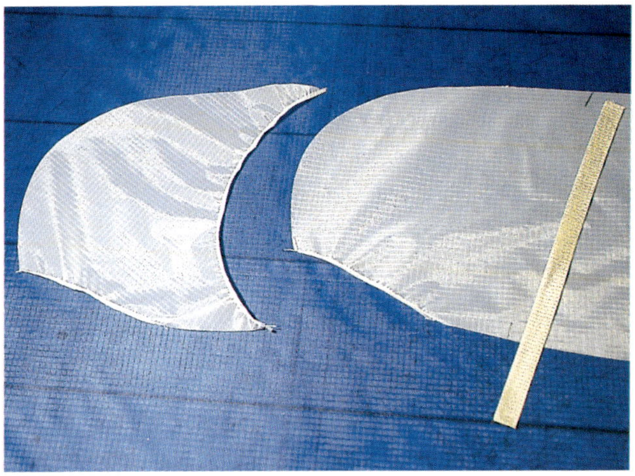

8 So sehen die einzelnen Profilstücke nach dem Umsäumen aus. Die Saumnähte ziehen das Tuch etwas zusammen, doch später im Wind werden sie glatt. Das Gurtband ist noch nicht aufgenäht.

9 Das Aufnähen der Gurtbänder erfolgt mit Dreifach-Zickzackstich. Die Gurtbänder übernehmen die Kräfte vom Obersegel – also von da, wo sie hauptsächlich entstehen.

10 Einnähen eines Hauptprofils auf dem Obersegel. Da die Nähhilfslinien gut durch das Tuch durchscheinen, ist der Nahtabstand von der Tuchkante (8 bis 10 mm) leicht einzuhalten.

11 Fertig eingenähtes Bugprofil auf dem Obersegel. Sollte der Nahtrand in der kurvigen Naht etwas knüllen, ist das nicht weiter schlimm. Wichtig ist der immer gleiche Ansatzpunkt der Profile.

12 Annähen des Seitenprofils. Es liegt auf links gedreht auf der Seite des Untersegels; Nahtabstand wie unter 10. Das überstehende Gurtband wird später nach innen eingeschlagen und festgenäht.

13 Eingenähtes inneres Hauptprofil mit nach hinten umgeschlagenem (durch das Tuch schimmerndem) Gurtband, das später festgenäht wird.

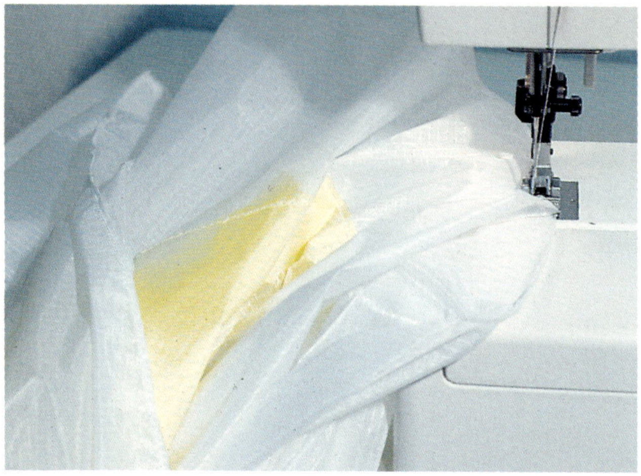

14 Auf links gedrehtes Segel beim Einnähen des letzten Seitenprofils. Entgegen der Baufolge wurden hier die Seitenprofile nicht zuerst, sondern alle Profile nacheinander aufgenäht. Je nach Geschick funktioniert beides.

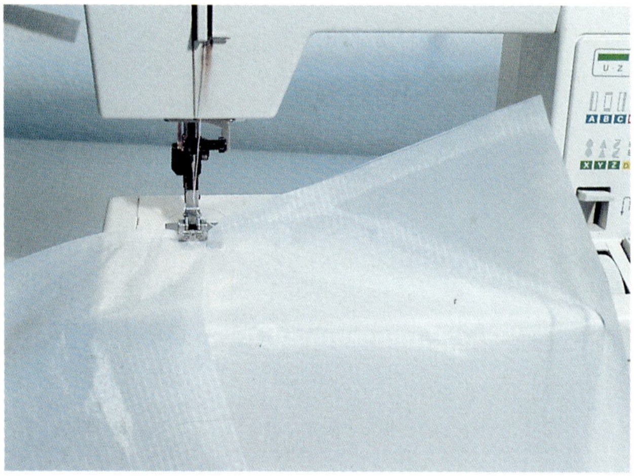

15 Zunähen der Hinterkante mit gerader Naht. Rechts das überstehende Obersegel. Dieser Arbeitsgang ist erforderlich, um eventuell unterschiedliche Längen auszugleichen.

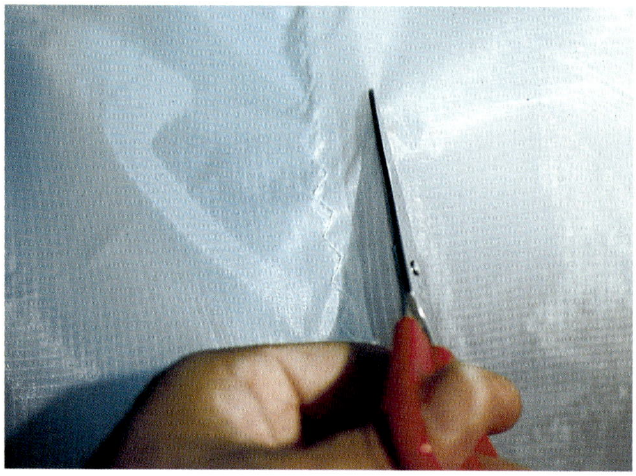

16 Überstehendes Ober- und Untersegel wird an der Hinterkante gleichmäßig abgeschnitten. Abstand zur Naht 10 mm beim Obersegel, 20 mm beim Untersegel.

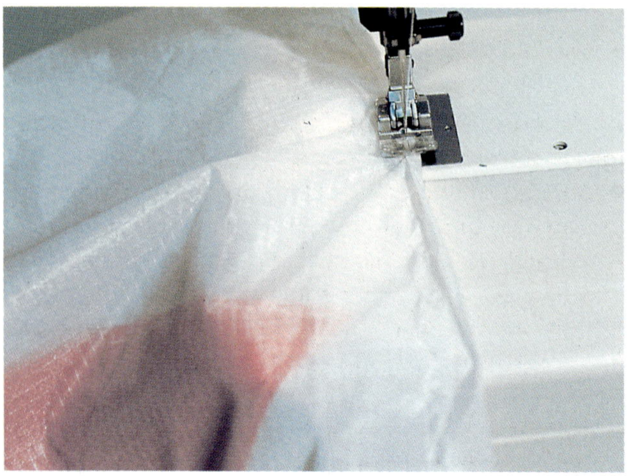

17 Tragflächenhinterkante fertig zunähen. Zuerst die überstehenden 10 mm des Untersegels über die Obersegelkante schlagen, dann zusammen ganz umschlagen und mit gerader Naht zusammennähen.

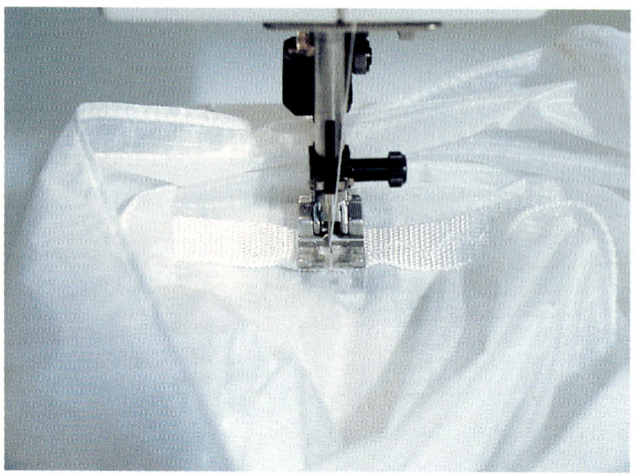

18 Festnähen der überstehenden Gurtbandenden, um Schlaufen für die Befestigung der Zugleinen zu erhalten. Das geht ganz bequem durch die Öffnungen der Luftkammern.

19 Festnähen des umgeschlagenen Gurtbands am Durchführpunkt der Zugleine, um die Einreißfestigkeit zu erhöhen. Neben diesem Punkt befinden sich also die Hauptnaht und eine kurze Naht.

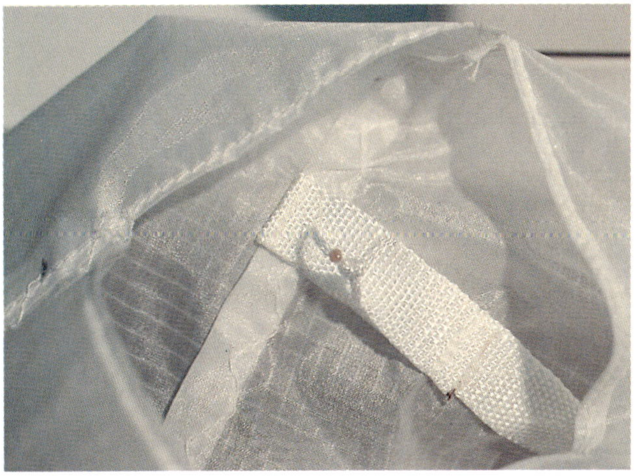

20 Befestigung der Zugkraftabnahme mit Zuziehknoten am Seitenprofil. Dieses Foto verdeutlicht noch einmal den unter 19 beschriebenen Vorgang.

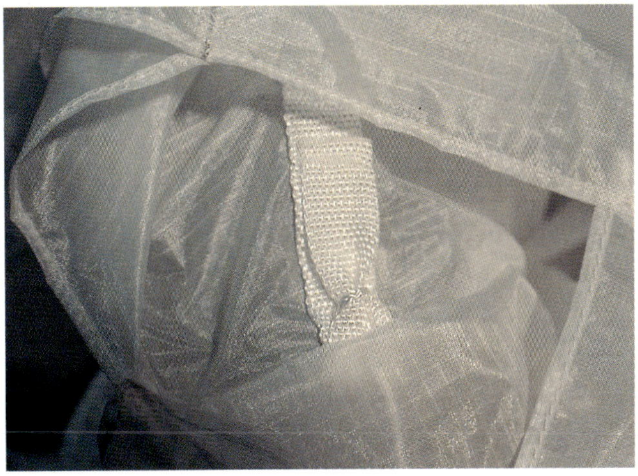

21 Zugabnahme-Befestigung mit Zuziehknoten an einem inneren Profil. Hier wird die Zugleine zuerst durch das Gurtband auf dem Profil, dann erst durch den Durchführpunkt am Untersegel geführt.

22 Befestigung der Zugkraftabnahme (2 Stück) in der Mitte der Tragfläche. Der Durchführpunkt in der Mitte ist die am stärksten belastete Stelle während des Fluges. Bei Bedarf zusätzlich mit Dacron verstärken.

Modifikationen

Mit diesem Aufbauprinzip ist es sehr gut möglich, die Abmessungen für flexible Parafoils zu verändern. Das Booster-Profil kann für Profiltiefen von 500 bis mindestens 2000 mm proportional übertragen werden (ca. 15 % der Profiltiefe als Profildicke). Bei Änderungen innerhalb eines Tragflügels bildet das Profil mit der durchschnittlichen Länge das Ausgangsprofil. Während die Profildicke gleich bleibt, wird die Profillänge verändert und die hintere untere Kurve angepaßt.
Bei der Festlegung der Zugkraftabnahme (ich bevorzuge eine möglichst kurze Zugleine) gehe ich, mit Hilfe von Millimeterpapier, Zirkel, Lineal und Kurvenlineal, folgendermaßen vor:

- Mit dem Lineal wird eine Linie gezogen, die im Maßstab der Länge der Spannweite entspricht.
- Mit dem Zirkel wird unter dieser Linie ein Halbkreis geschlagen. Von den Enden der Linie auf dem Halbkreis wird mit dem Zirkel die halbe Spannweite abgetragen (gleiche Zirkeleinstellung wie Halbkreis).
- Der so ermittelte Punkt ist der Punkt für die Zusammenfassung der Zugleinen. Von ihm aus wird auf dem Halbkreis zum Ende der Linie hin ein Drittel der Spannweite abgetragen (Tragflächenende).
- Jetzt wird mit dem Lineal von der Mitte der Linie zum Zusammenführpunkt und zum Tragflächenende eine Linie gezogen.
- Von den beiden Tragflächenendpunkten zur Tragflächenmitte mit dem Kurvenlineal eine Kurve ziehen. Diese Kurve kann gleichmäßig gekrümmt sein, oder die Hauptkrümmung beginnt erst in der Nähe der Tragflächenenden (wodurch die Auftriebsverteilung auf der Tragfläche mit festgelegt wird).

- Nun werden auf dieser Kurve die Befestigungspunkte der Zwischenzugleine aufgetragen und mit dem Zusammenführpunkt verbunden.
- Die einzelnen Leinenlängen können jetzt genau ausgemessen werden.

Wenn Sie so vorgehen und die Zugleinen bearbeiten wie beschrieben, brauchen Sie keine weiteren Einstellarbeiten mehr vorzunehmen. Mit dieser Standardeinstellung fliegt der Drachen sofort und einwandfrei.

Quirl

Diese Matte mit 2 m Spannweite entwickelt deutlich weniger Zug als die größeren Lenkparafoils und ist daher ideal für Drachenfans, die eine hohe Zugkraft nicht so sehr schätzen. Die Hauptprofile haben 200 mm Abstand, es wird nur ein Zwischenprofil verwendet. Die Profilierung ist für mittlere Geschwindigkeiten ausgelegt. Im Aufbau ist der Quirl zwar etwas einfacher als der Booster, und auch seine Abmessungen sind geringer, doch je kleiner der Drachen ist, desto wichtiger wird die Einhaltung der Bearbeitungstoleranzen. Ist zum Beispiel die Lufteintrittsöffnung zu groß oder der Zugabnahmepunkt falsch gewählt worden, sind die Flugeigenschaften sofort eingeschränkt.

Eine **Bauanleitung** erübrigt sich, da der Aufbau des Quirl der gleiche ist wie beim Booster.

Materialliste ***Quirl***			
	Menge	**Abmessung mm**	**Material**
Segeltuch	1	4000	Nylon
Gurtband	1	2000 x 10	Nylon
Zugleine	1	7000 x 2	Nylon
Hauptzugleine	2	1000 x 2	Nylon
Aluminiumring	2	10	Aluminium

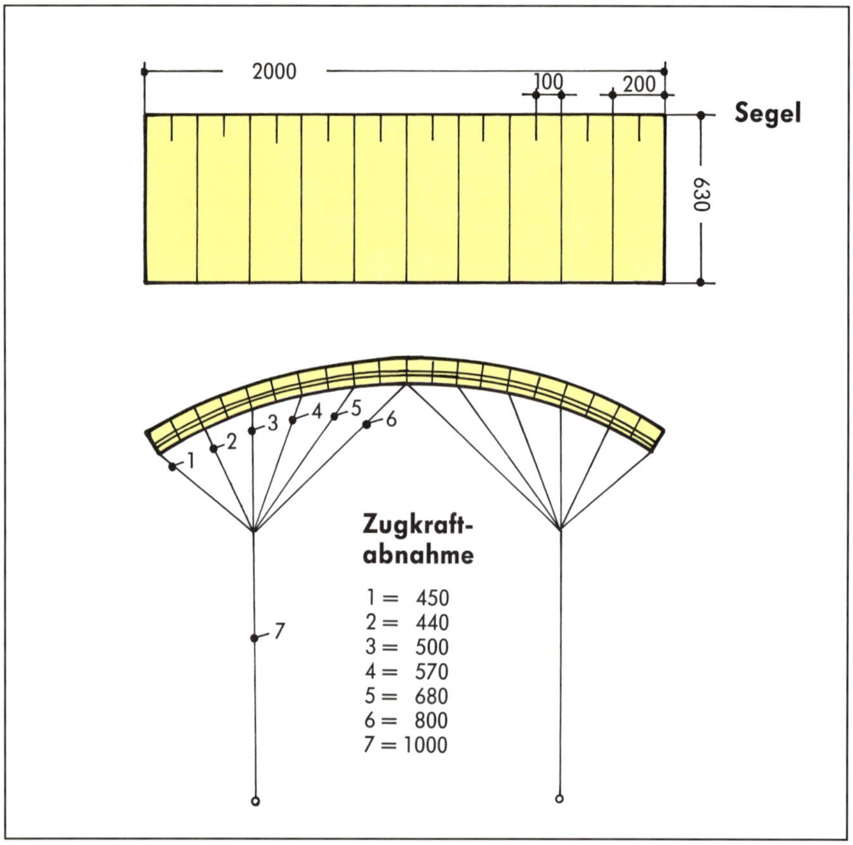

Durch seine 2 m Spannweite läßt sich der Quirl mit angenehmem Zug fliegen. Bei gutem Wind, wie hier auf der Hawaii-Insel Kauai (Bild unten), ist eine Leinenstärke von 75 daN empfehlenswert.

Tractor

Bei großen und starken Lenkdrachen kann der Zug so stark werden, daß man von ihnen regelrecht mitgezogen wird. Die ersten, die diese Kräfte nutzten, waren George Pocook und James Viney, die 1828 für ihren (und den wohl ersten) Vierleiner ein Patent erhielten.
Ich selbst wollte einen Drachen mit ausreichender Zugkraft haben, der mich auch bei mäßigem Wind in meinem Kitecart über die Wiese ziehen würde. So baute ich im Februar 1991 den ersten Tractor – 4,8 m lang und ca. 1,5 m tief. Trotz seiner Größe läßt er sich noch gut lenken. Er hat hervorragende Leichtwindeigenschaften. Wegen seines relativ dicken Profils erhöht er nur mäßig seine Geschwindigkeit und somit seine Zugkraft. Das ist meiner Meinung nach wichtig, denn bei starkem Wind auf einer Wiese sind 50 km/h mehr als genug.
Das Konzept für den Tractor ist einfacher als das für sein Vorbild, den Booster. Der Kammerabstand wurde auf 400 mm erhöht, pro Kammer wird nur noch ein kurzes

Bugprofil eingesetzt. Um im Öffnungsbereich die Aerodynamik zu verbessern, habe ich über den Öffnungen schmale Überbrückungsbänder angeordnet. Im Kopfbereich ist die Lufteintrittsöffnung etwas tiefer angeordnet als beim Booster-Profil. Der Tractor ist leicht aus der Hand zu starten (135-daN-Leine, auf Ringen), zum Landen wird er aus dem Wind gedreht. Er ist auch einfach zusammenzulegen. Auf den Rücken gedreht, werden zuerst die Waageseile auf den Drachen gelegt, das Hauptwaageseil schaut an der Lufteintrittskante heraus. Dann werden die Tragflächenhälften jeweils bis zur Mitte eingerollt, die beiden Seiten übereinandergelegt und die Luft herausgestrichen. An der Hinterkante beginnend, wird der Drachen nun eingeschlagen. Um diese Rolle wird das Hauptwaageseil geschlungen und deren Enden mit den Alu-Ringen eingedreht.

1 Festnähen des Bugverbindungsbandes am Obersegel. Die 30 mm breiten Spinnakerbänder, die nur beim Tractor eingesetzt werden, erhöhen die Leichtwindeigenschaften des Drachens.

Baufolge

Die Bauweise (Profilzuschnitt s. Schnittmusterbogen) ist die gleiche wie beim Booster. Die einzige Besonderheit sind kleine Spinnakerbänder (umsäumt 30 mm breit), die zur Profilverbesserung in die Mitte der Luftöffnungen eingenäht werden. Das kann zum Schluß erfolgen. Die Bänder werden innen mit je 10 mm Überlappung an den Lufteintrittskanten festgenäht (**1/2**). Der Drachen fliegt ohne diese Maßnahme nicht so effektiv.
Der Durchführpunkt für die Waageseile sollte 60 mm von der vorderen Unterkante der Lufteintrittsöffnung liegen. Es ist vorteilhaft, diesen Punkt vor dem Einnähen der Hauptprofile zu markieren.
Den hier gezeigten Tractor habe ich mit bunten Applikationen versehen. Die aufzunähenden Tuchstücke habe ich einfach mit Kreppklebeband fixiert (**3**).

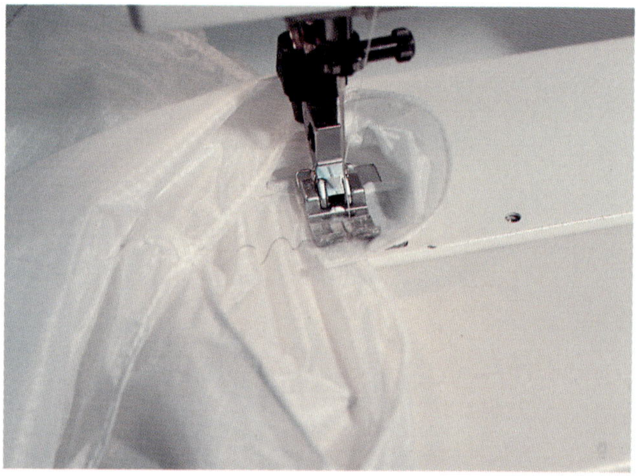

2 Festnähen des Bandes am Untersegel. Leider ein etwas umständlicher Arbeitsgang, der aber durch den Genuß beim Fliegen in leichtem Wind belohnt wird.

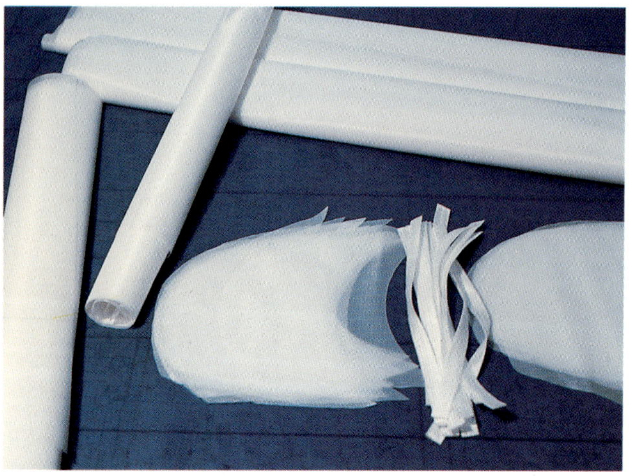

Das komplette Material für die Tragfläche. Bei diesem Drachen wurde für das Segel preiswertes und leichtes Carrington-Tuch verwendet. Die Nähte werden durch Dreifach-Zickzackstich haltbar.

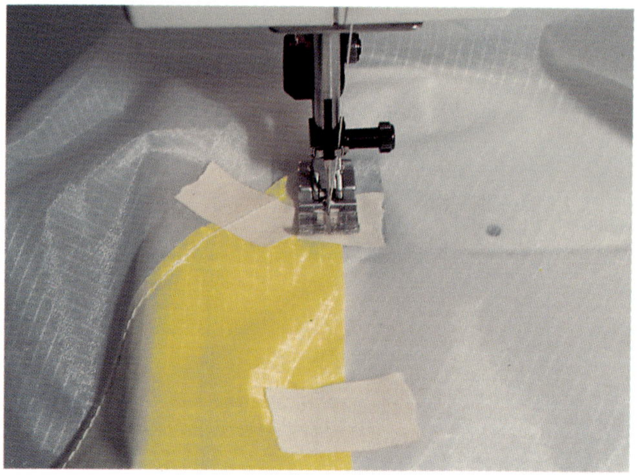

3 Applizieren von schönen Reststücken auf dem Untersegel. Das Fixieren mit Klebeband funktioniert bestens und geht schnell. Stecknadeln sind nicht mehr notwendig.

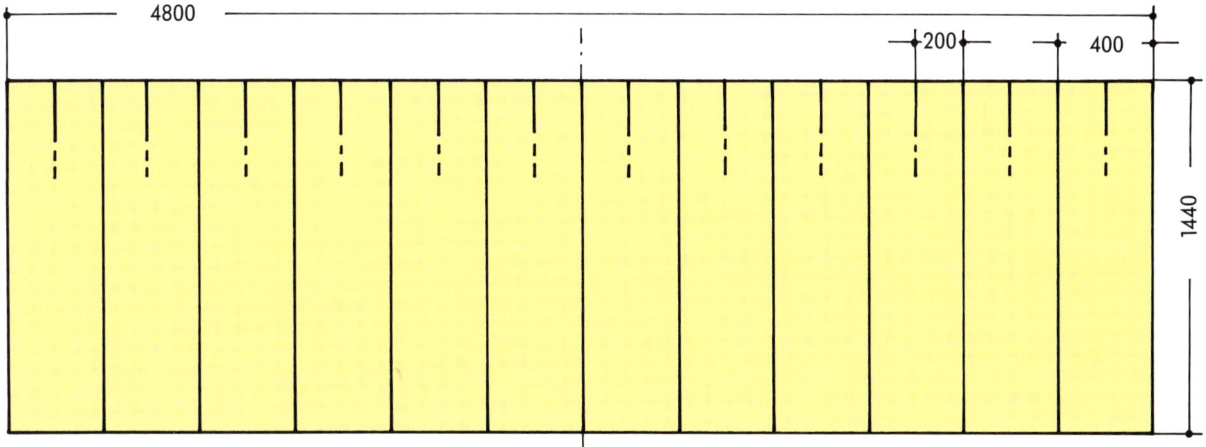

Zuschnitt Ober- bzw. Untersegel

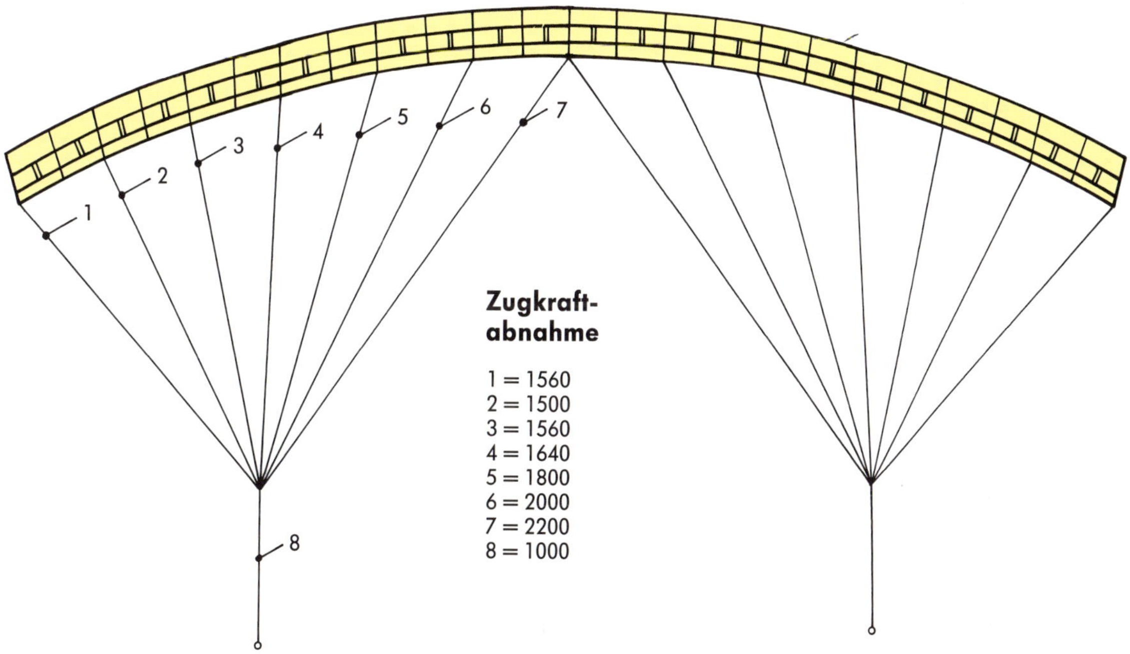

Materialliste ***Tractor***			
	Menge	**Abmessung mm**	**Material**
Segeltuch	1	19 000	Nylon 52 g/m^2
Gurtband	1	4000 x 15	Nylon
Zugleine	1	26 000 x 2	Nylon
Hauptzugleine	2	1000 x 3	Nylon
Aluminiumring	2	10	Aluminium

Spaß mit Lenkparafoils

Die leistungsstarken Lenkparafoils fordern regelrecht dazu heraus, ihre starken Zugkräfte auf spielerische Weise zu nutzen. Wer einmal anfängt, die verschiedenen Möglichkeiten auszuprobieren, kann meist nicht mehr davon lassen. Mir jedenfalls erging es so.
Ende 1989 machte ich Urlaub auf Fuerteventura (Jandia Beach). Unter den rund fünfzig Kilogramm mitgebrachter Drachen befand sich auch meine erste 3-m-Matte sowie ein Kunststoffschalenschlitten. Darin ließ ich mich von der Matte zuerst über den Sand und später, wenn die Flut den Strand leicht überspülte, auch über das Wasser ziehen. Da der Wind fast immer parallel zum Strand blies, konnte ich auf diese Weise relativ lange Strecken zurücklegen. Bei einem anderen Versuch ging ich mit der Matte ins Wasser und ließ mich dann von ihr durchs Wasser ziehen. Bei starkem, gleichmäßigem Wind konnte ich mich auch etwas seitlich zum Wind ziehen lassen. Die Brandung war kein Problem, denn sobald eine Welle über mir zusammenbrach, zog mich der Drachen gleich wieder nach oben. Etwas strandabwärts bog der Strand plötzlich nach rechts ab, und ich bemerkte eine sehr starke Unterströmung. Nur keine Panik, dachte ich mir, und lenkte die Matte seitlich. Und siehe da, langsam aber sicher ging es gegen die Strömung wieder in Richtung Strand, ich mußte also nicht bis nach Marokko weitersegeln.
Andere Zugversuche machte ich auf Rollschuhen und auf Schlittschuhen. Mit letzteren macht es am meisten Spaß, besonders, wenn genug Platz da ist, um kreuzen zu können. Wenn der Wind auffrischt, kann die Geschwindigkeit allerdings auf so beängstigende Weise zunehmen, daß man Angst hat zu stürzen und den Drachen zu verlieren.
Zu meiner großen Freude schenkte mir Weihnachten 1990 meine Frau einen Peter-Lynn-Stunt-Buggy, ein dreirädriges Gefährt, das mit den Füßen gelenkt wird. Anfangs ließ ich mich darin von einer 3-m-Matte ziehen, doch bald merkte ich, daß bei mittleren Winden etwas Kräftigeres hermußte. So entstand der Tractor, der meinen Ansprüchen dann voll gerecht wurde.
Das Ziehenlassen in einem Buggy ist einfach, wenn einige Verhaltensweisen beachtet werden. Am effektivsten wird der Buggy parallel zum Wind gefahren. Das Drachensegel befindet sich, außer bei der Halse (dem Umdrehen in Windrichtung), immer am Rand des Windfensters in guter Höhe. Bei böigen Winden ist es oft schwierig, den Drachen in der Luft zu halten. Merkt man, daß sich der Wind legt, muß man sofort gegen die Windrichtung fahren, um den Drachen zu stabilisieren und näher zum Hauptwindfenster zu gelangen. Notfalls muß man aus dem Buggy heraus und gegen den Wind laufen. Beim Anfahren ist es sinnvoll, erst zu beschleunigen und dann an den Wind zu fahren. So bekommen Drachen und Wagen Fahrt, Lenken und Fahren gegen den Wind sind einfacher. Eine Halse wird eingeleitet, indem der Drachen in die Gegenrichtung gesteuert wird. Bei starkem Wind sollte dies über Kopf geschehen; die Zugkräfte sind dann nicht so hoch und der Wagen kann etwas gestoppt werden. Anschließend wird der Wagen in Richtung des Windes in die Gegenrichtung gesteuert und auf Geschwindigkeit gebracht. Vor dem Wind zu fahren ist nicht empfehlenswert, denn so erreicht der Wagen schnell die Geschwindigkeit des Windes. Der Drachen läßt sich nicht mehr lenken und kann in sich zusammenfallen. Anfänger fahren dann oft zur Seite, der Drachen entfaltet sich in der Hauptwindrichtung und zieht den Fahrer aus dem Sitz, was für Fahrer und/oder Wagen nicht immer glimpflich verläuft.
Die Leinen können kurz oder lang sein. Je länger die Leine, desto größer das Windfenster.

Skulptur-Lenkdrachen

Skulpturdrachen entstehen, wenn die aerodynamisch zweckmäßige Form eines Lenkparafoils zugunsten einer Phantasieform verlassen wird. Das können der Natur nachempfundene Gebilde (Vögel, Fische, Früchte, Gegenstände) oder reine Phantasie-Kreationen sein, die dem Piloten und dem Zuschauer einfach Freude bereiten oder auch eine Botschaft verkünden. Diese Botschaft kann künstlerischer Art sein oder ganz profanen Werbezwecken dienen. Die Skulpturen können lustig, trivial oder kitschig sein – die Bandbreite ist riesig.

Es wäre jedoch nicht möglich, derartige Lenkdrachen zu bauen, wenn nicht eine leistungsfähige Tragfläche zur Verfügung stünde, die den durch die Skulptur zusätzlich entstehenden Widerstand aufnimmt und dennoch als Lenkdrachen funktioniert. Für die Entwicklung der Prototypen meiner skulpturellen Konstruktionen habe ich etwa 40 Versuchs-Tragflächen gebaut, sie immer wieder ausprobiert und geändert, bis ich schließlich ein optimales Ergebnis hatte.

Drei meiner Skulpturdrachen stelle ich hier vor.

Mit den in diesem Buch enthaltenen Profilen (s. auch Schnittmusterbogen) läßt sich jedoch noch eine Vielzahl anderer Lenkdrachen der dreidimensionalen Art bauen. Die Bauanleitungen sind für den Anfänger wohl nur schwer nachzuvollziehen, sie setzen einige Drachenbauerfahrungen voraus; zumindest einen Parafoil sollte man schon gebaut haben.

Banane

Mein erster asymmetrischer Lenkparafoil entstand aus einem 5,6-m-Drachen mit 1 m Tragflächentiefe, der die besten Leichtwindeigenschaften aufwies, die ich bis dahin je an einem Lenkparafoil erlebt hatte: Ein Windhauch genügte, und er flog.
Ich wollte testen, welche Leistungssteigerung durch eine höhere Tragflächenspreizung möglich ist, und erweiterte für mein neues Konzept die Tragfläche auf 6,6 m, bei einer Tragflächentiefe von etwa 1 m. Und um der Matte schließlich noch einen gewissen Pep zu geben, habe ich sie zu einer Banane ausgestaltet. Den Mittelpunkt der Waage verlegte ich zum schmaleren Ende der Banane hin.
Als Grundprofil dient das Booster-Profil (s. Schnittmusterbogen). Die unterschiedlichen Profillängen an den abgeschrägten Enden der Banane können mit der unteren, zur Tragflächenhinterkante verlaufenden Kurve, vom dicksten Punkt des Profils ausgehend, entsprechend verändert werden.
Die Flugeigenschaften der Banane sind wegen der hohen Streckung hervorragend. Klar, daß mit dieser oder noch größeren Spannweiten auch rechteckige symmetrische oder asymmetrische Lenkparafoils gebaut werden können. Dieser Bauvorschlag regt Sie vielleicht dazu an, ein eigenes Modell zu entwerfen und zu bauen. Hier eine kleine Anregung, was mit Variationen des obigen Banane-Konzepts noch alles möglich ist: Gurken, Bohnenschoten, Spargel, Peperoni, Zahnbürsten – Ihrer Phantasie sind keine Grenzen gesetzt.

Materialliste ***Banane***

	Menge	Abmessung mm	Material
Segeltuch	1	18 000	Nylon 43 g/m²
Gurtband	1	5000 x 10	Nylon
Zugleine	1	47 020 x 2	Nylon
Hauptzugleine	2	1000 x 3	Nylon
Aluminiumring	2	10	Aluminium

Baufolge

Beim Bau der Banane sollten Sie auch die Bildfolgen mit den Schritt-für-Schritt-Anleitungen beim Booster (Seite 68–71) und beim Tractor (Seite 76) mit heranziehen.

Segelanfertigung, Montagevorbereitung

- Ober- und Untersegel entsprechend der Zeichnung mit Hilfe einer Schablone heiß zuschneiden. Es ist darauf zu achten, daß das Obersegel gemäß der oberen Kurve des Profils ab Lufteintrittskante bis Tragflächenhinterkante länger ist als das Untersegel.
- Entsprechend der Zeichnung (vgl. auch Foto) schwarze Streifen aus Spinnaker ausschneiden und auf Ober- und Untersegel aufnähen, um die Längskanten der Banane zu markieren.
- Für das stumpfe, untere Ende der Banane den Blütenansatz (vgl. Foto und Zeichnung) aus schwarzem Spinnaker ausschneiden und aufnähen.
- Haupt- und Bugprofile (s. Booster) ausschneiden. Am besten heiß mit Lötkolben. Möglichst auf gleiche Gewebestruktur achten. Die kleinen Seitenprofile sind etwas dicker als die Hauptprofile (Profilhöhe ca. 20 % der Profillänge).
- Gurtbänder für die Profile zuschneiden (s. Baufolge Booster). Die Enden mit einem Gasfeuerzeug verschweißen, oder gleich mit Lötkolben zuschneiden.
- Auf Ober- und Untersegel rechtwinklig Nähhilfslinien für die Profile zeichnen.
- Hauptprofile mit Nähhilfslinien versehen.
- Vorderkante (Bug) von Ober- und Untersegel nach innen, zur Seite mit den Hilfslinien hin, umsäumen.
- Hauptprofile und Bugprofile an der Lufteinlaßkante, bei den kurzen Bugprofilen auch an der Hinterkante,

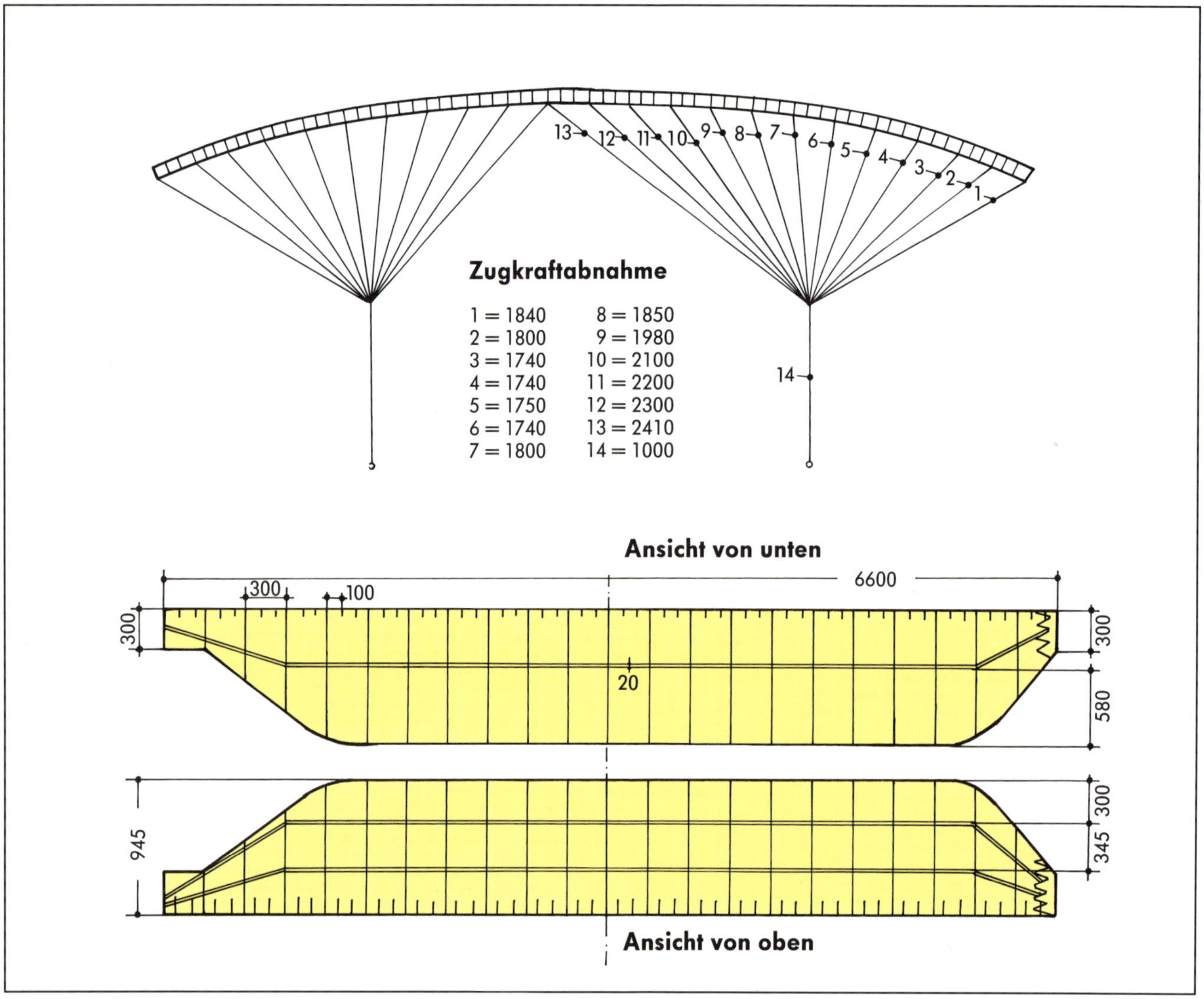

umsäumen. Wichtig: Am Profilzuschnitt sind an der Lufteintrittskante für das Umsäumen 8 mm eingerechnet worden. Da die Größe der Lufteintrittsöffnung mitentscheidend für das Flugverhalten ist, sollten diese 8 mm genau eingehalten werden.

- An der Lufteintrittskante mittig die Größe der Öffnung für den späteren Nähanfang markieren.
- Gurtbänder auf die Hauptprofile nähen, am besten mit Dreifach-Zickzackstich. Bei den beiden Außenprofilen auf Spiegelbildlichkeit achten, damit sich die Gurtbänder nachher im Drachensegel befinden.

Segelmontage

- Die beiden Außenprofile auf links auf das Obersegel nähen, am Lufteinlaß beginnen. Anfang und Ende der Naht dreimal verriegeln, dabei nicht auf derselben Stelle nähen, um eine unnötige Perforation des Segels zu vermeiden. Die beste Nahtfestigkeit erreicht man mit Dreifach-Zickzackstich. Der mittlere Nahtabstand zum Tuchrand beträgt 10 mm.
- Das Segel auf rechts wenden, damit zuerst innen die Profile mit der stärkeren Bugkrümmung auf das Obersegel genäht werden können.
- Von links beginnend, die innenliegenden kurzen Bugprofile und die Hauptprofile nacheinander auf das Obersegel aufnähen. Alle Profile gleichmäßig (tangential) ansetzen und die Rundung sauber und exakt ausnähen, dabei den Transport des Nähguts mit den Händen unterstützen.
- Die beiden Außenprofile von links auf das Untersegel nähen. An der Lufteintrittskante beginnen. Gurtbandenden nach innen umlegen und doppelt vernähen.
- Das Segel wieder auf rechts wenden und, wieder von links beginnend, die Profile auf das Untersegel aufnähen. Die überstehenden Gurtbandenden werden auf die Gegenseite des Hauptprofils umgeschlagen und die Gurtbandnaht doppelt genäht. Das letzte innenliegende Hauptprofil ist aus Platzgründen etwas schwieriger einzunähen. Wenn Sie aber die letzten kurzen Bugprofile erst zum Schluß annähen, bleibt etwas

mehr Spielraum für das Einnähen des Hauptprofils.

- Das Ober- und Untersegel an der Hinterkante mit gerader Naht zusammennähen. Eventuelle Ungleichmäßigkeiten in der Länge vermitteln.
- Überstehendes Ober- und Untersegel an der Hinterkante abschneiden. Abstand zur Naht beim Obersegel 10 mm, beim Untersegel 20 mm.
- Hinterkante fertig zunähen. Zuerst die überstehenden 10 mm des Untersegels umschlagen, dann noch einmal ca. 10 mm umschlagen und mit gerader Naht zusammennähen.
- Im Segel die umgeschlagenen Gurtbandenden auf dem Gurtband des Hauptprofils doppelt mit 3 mm Abstand zum Gurtbandende festnähen.
- Auf dem Untersegel das doppelte, umgeschlagene Gurtband doppelt festnähen. Auf diese Weise wird der Durchführpunkt des Waageseils besser fixiert und ein Einreißen des Segels vermieden.

Montage der Zugseile

- Die Leinen nach Zeichnung auf Länge zuschneiden und paarweise auf dem Arbeitstisch auslegen.
- Die erste Leine, von der linken Drachenseite beginnend, mit einer dicken Stopfnadel (ca. 2 mm) zuerst durch das Profilgurtband und dann durch die doppelte Gurtbandlage auf dem Untersegel ziehen. Der Durchführpunkt sollte in der Mitte des Gurtbands und der beiden Nähte am Gurtbandende liegen, der Abstand von der unteren Vorderkante ca. 40 mm betragen.
- Die durchgezogene Leine an der Segelseite mit einer Schmelzperle versehen und mit einem Zuziehknoten um die Gurtbandschlaufe am Profil nach innen hin festziehen.
- Die beiden letzten Vorgänge wiederholen, bis alle Leinen befestigt sind. In der Drachenmitte (zum Stengel der Banane hin verschoben) werden zwei Leinen durchgeführt und befestigt.
- Je Drachenhälfte werden die Leinen zusammengeführt und mit einer großen Schmelzperle gleichmäßig zusammengeschmolzen.
- Um ein Verwickeln der Leinen zu verhindern und ein schnelles Zusammenlegen des Drachens zu ermöglichen, sind zwei Hauptzugleinen (1000 mm lang) herzustellen. Die Enden werden mit Schmelzperlen versehen. Ein Ende wird mit Zuziehknoten um die große Schmelzperle festgezogen, am anderen Ende wird ein Alu-Ring mit Zuziehknoten befestigt.
- Wenn's geklappt hat, ist nun „alles Banane"!

Pteranodon

Der Flug eines großen Vogels ist nicht nur ein sehr ästhetischer Anblick, sondern zugleich ein so „ausgeklügelter" Vorgang, daß der Mensch ihn selbst mit ausgefeiltester Technik niemals perfekt nachvollziehen kann. Das hat mich jedoch nicht davon abhalten können, einen Vogel aus Spinnakertuch zu bauen. Und da er groß sein sollte, habe ich mir einen Riesen-Urzeitvogel als Vorbild ausgewählt: den Pteranodon, der vor 70 Millionen Jahren lebte und dessen größte Exemplare eine Flügelspannweite von sieben Metern erreichten.

Es ist natürlich klar, daß ich es mit der Modelltreue nicht allzu genau nehmen konnte. Besonders schade ist, daß der lange Schnabel als nur vom Wind aufgeblähtes Teil nicht zu realisieren ist. Da ich aber Versteifungen jeder Art bei Luftskulpturen ablehne, habe ich den Schnabel einfach unterschlagen.

Ein Alleinstart aus der Hand gelingt mir nur bei frischem Wind. In der Luft entwickelt der Pteranodon starken Zug und kann alle Figuren inklusive Loopings fliegen.

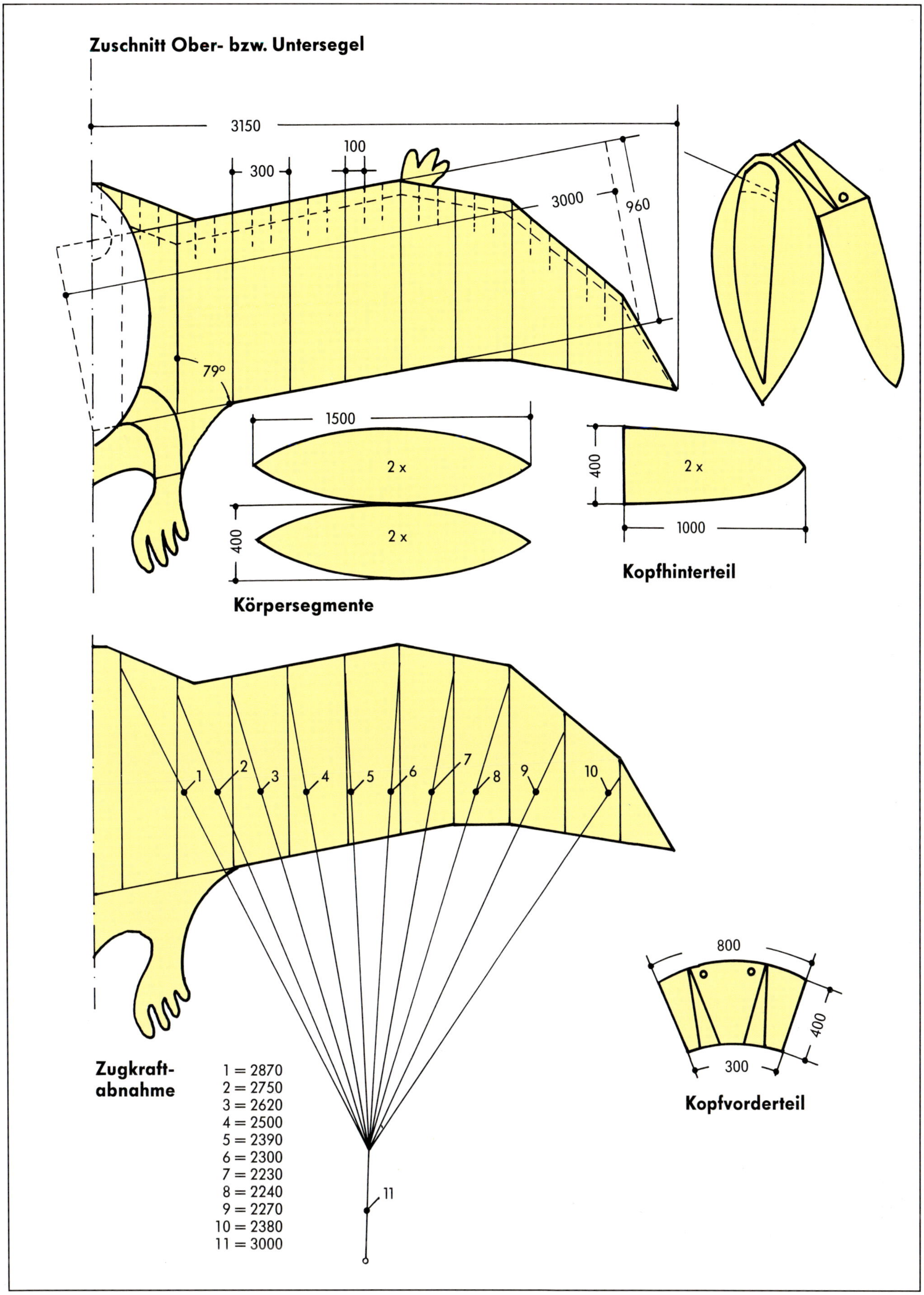
Zuschnitt Ober- bzw. Untersegel
3150
100
300
3000
960
79°
1500
2 x
2 x
400
Körpersegmente
400
2 x
1000
Kopfhinterteil
1
2
3
4
5
6
7
8
9
10
11
800
400
300
Kopfvorderteil
Zugkraft-
abnahme
1 = 2870
2 = 2750
3 = 2620
4 = 2500
5 = 2390
6 = 2300
7 = 2230
8 = 2240
9 = 2270
10 = 2380
11 = 3000

Baufolge

Segelanfertigung, Montagevorbereitung

- Ober- und Untersegel nach nebenstehender Zeichnung zuschneiden. Der Hauptzuschnitt ist das gestrichelte Rechteck von 3000 mm Länge.
- An dieses Hauptteil werden die in der Zeichnung über das Rechteck hinausragenden, aus Reststücken zugeschnittenen Flügelteile genäht.
- Haupt- und Bugprofile (Booster-Profil, s. Schnittmusterbogen) ausschneiden. Am besten heiß mit Lötkolben. Möglichst auf gleiche Gewebestruktur achten.
- Die Länge der Hauptprofile wird verändert, indem die untere Seite des Profils ab Profilende verlängert oder verkürzt wird. Die äußeren Profile sollten in der Dicke etwas reduziert werden (auf ca. 15 % von der Profillänge).
- Gurtbänder für die Profile (s. Baufolge Booster) zuschneiden. Die Enden mit Gasfeuerzeug verschweißen, oder gleich mit Lötkolben zuschneiden.
- Auf Ober- und Untersegel Nähhilfslinien für die Profile zeichnen (gemäß Zeichnung). Dabei ist auf den Winkelversatz (79°) der Flügel zu achten.
- Die Segelhälften von Ober- und Untersegel in der Mitte mit halber Kappnaht zusammennähen.
- Die Hauptprofile mit Nähhilfslinien versehen.
- Vorderkante (Bug) von Ober- und Untersegel nach innen, zur Seite mit den Hilfslinien hin, umsäumen.
- Hauptprofile und Bugprofile an der Lufteinlaßkante, bei den kurzen Bugprofilen auch an der Hinterkante, umsäumen. Wichtig: Beim Profilzuschnitt sind an der Lufteintrittskante 8 mm für den Saum eingerechnet. Da die Größe der Lufteintrittsöffnung mitentscheidend für das Flugverhalten ist, sollten diese 8 mm genau eingehalten werden.
- An der Lufteintrittskante mittig die Größe der Öffnung für den späteren Nähanfang markieren.
- Gurtbänder auf die Hauptprofile nähen, am besten mit Dreifach-Zickzackstich.

Körperaufbau

- Für den Körper das entsprechende Segment in der Zeichnung viermal ausschneiden und je 2 Körpersegmente in der Mitte zu Körperunter- und -oberteil zusammennähen (Seite 86, **1/2**).
- 2 Kopfhinterteile und das Kopfvorderteil ausschneiden. Auf das Kopfvorderteil Schnabel und Augen applizieren (**3**).
- Die Kopfhinterhälften auf links zusammennähen, das Kopfvorderteil seitlich (abgeschnittene Schnabelspitze) auf links zusammennähen, dann Kopfvorderteil an Kopfhinterteil annähen (**4**).
- Kopf ausstülpen und mittig Naht auf Naht auf der Länge des Kopfvorderteils auf den Oberkörper aufnähen (**2/3**).
- Füße und Beine, Krallen und Knochen (an den Tragflächen-Vorderkanten) nach Freihandzeichnung jeweils doppelt ausschneiden. Die Beine, am Unterkörper ansetzend, auf Ober- und Unterseite applizieren (**1, 7**). Für die Füße je ein Ober- und Unterteil auf links zusammennähen und an die applizierten Beine ansetzen (**6**). Da die Füße sich aufblähen sollten, muß für sie eine Öffnung im Tragflügelkörper vorgesehen werden. Krallen und Knochen auf das Untersegel applizieren (**5**).

Segelmontage

- Die Haupt- und die kurzen Bugprofile auf das Obersegel nähen. Am Lufteinlaß beginnen. Anfang und Ende der Naht jeweils dreifach verriegeln. Dabei nicht auf derselben Stelle nähen, um unnötiges Perforieren des Tuchs zu vermeiden. Eine optimale Nahtfestigkeit wird durch Dreifach-Zickzackstich erreicht. Der mittlere Nahtabstand beträgt 10 mm.
- Von links beginnend, die Profile nacheinander auf das Obersegel nähen. Alle Profile gleichmäßig ansetzen (tangential) und die Rundung sauber und exakt ausnähen, dabei auf gleichmäßigen Transport des Nähguts achten.
- Die beiden äußeren Vorderkanten werden bis zum ersten kleinen Hauptprofil mit einem Zwischenstück an der Vorderkante zusammengenäht (**7**), dann die weiteren Profile auf das Untersegel genäht. An der Lufteintrittskante beginnen.
- Die überstehenden Gurtbandenden nach innen umlegen und doppelt vernähen.
- Im Ober- und Untersegel im vorderen Bereich jeweils

Materialliste ***Pteranodon***			
	Menge	**Abmessung mm**	**Material**
Segeltuch	1	16000	Nylon 52 g/m²
Gurtband	1	5000 x 15	Nylon
Zugleine	1	44500 x 2	Nylon
Hauptzugleine	2	3000 x 3	Nylon
Aluminiumring	2	10	Aluminium

1 Die Mittelpartie mit den aufgenähten Beinen und den Krallenfüßen. Wenn der Bauch gut mit Luft gefüllt ist, dann ist im Mittelteil auch genügend Stabilität vorhanden.

2 Mittel- und Kopfteil von der Seite aus betrachtet. Die Waage ist aus Gründen der besseren Einstellbarkeit zweifach ausgeführt.

3 Ein gewisses (belustigtes?) Lächeln ist nicht zu übersehen. Aus aerodynamischen Gründen mußte der Urzeitvogel auf seinen spitzen und langen Schnabel leider verzichten.

4 Der Pteranodon von der Rückseite aus gesehen. Auf diesen Anblick muß der Pilot der lenkbaren Drachenskulptur leider verzichten.

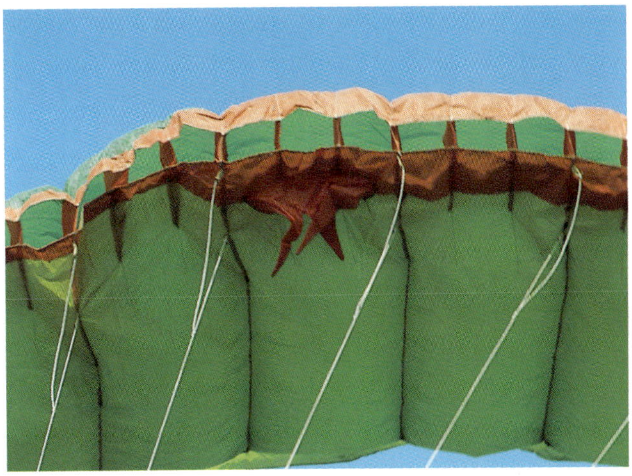

5 So sieht die Vorderkante einer Tragflügelhälfte mit den angenähten Krallen aus. Die zusätzliche orangefarbene Applikation soll das Knochengerüst andeuten.

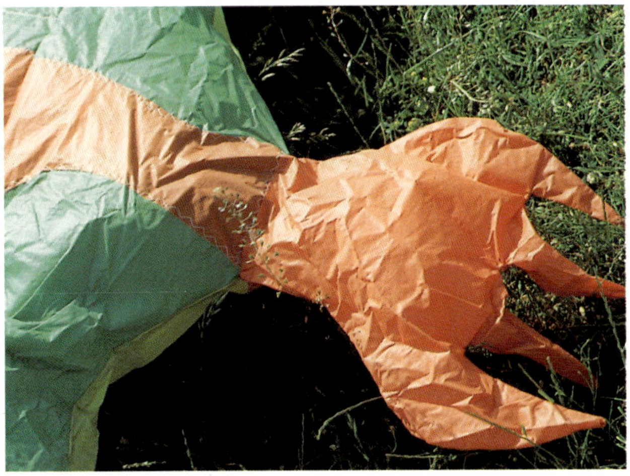

6 Ein etwas verknitterter Krallenfuß. Am Strand ist es nicht schlecht, wenn man die äußersten Spitzen abschneidet. So kann der Sand, der in den Drachen gelangt ist, wieder herausfallen.

7 **Die etwas schlaffen Flügelenden betonen das wie „echt" erscheinende Flugbild am Himmel. Am Strand kann man den stablosen Vogel gefahrlos fliegen, auch erzeugt er beim Fliegen keinen Lärm.**

8 **An Bodenankern befestigt, läßt sich der Pteranodon gut einstellen. Der Abstand der Bodenanker sollte etwa 3 m betragen.**

eine Belüftungsöffnung für die beiden Körperhälften ausschneiden.

- Körperober- und -unterteil abwechselnd, im Zusammenhang mit den Profilen und an der Vorderkante beginnend, auf Ober- und Untersegel aufnähen.
- Anschließend, wieder von links beginnend, die Profile auf das Untersegel aufnähen. Die überstehenden Gurtbandenden werden auf die Gegenseite des Hauptprofils umgeschlagen und die Gurtbandnaht doppelt genäht. Das letzte innenliegende Hauptprofil ist aus Platzgründen etwas schwieriger einzunähen. Wenn Sie die letzten kurzen Bugprofile erst am Schluß annähen, ist etwas mehr Spielraum für das Einnähen des Hauptprofils vorhanden.
- Das Ober- und Untersegel an der Hinterkante mit gerader Naht zusammennähen. Ungleichmäßigkeiten in der Länge vermitteln.
- Überstehendes Ober- und Untersegel an der Hinterkante abschneiden. Abstand zur Naht beim Obersegel 10 mm, beim Untersegel 20 mm.
- Hinterkante fertig zunähen. Zuerst die überstehenden 10 mm des Untersegels umschlagen, dann noch einmal ca. 10 mm umschlagen und mit gerader Naht zusammennähen.
- Im Segel die umgeschlagenen Gurtbandenden auf dem Gurtband des Hauptprofils mit 3 mm Abstand zum Gurtbandende doppelt festnähen.
- Auf dem Untersegel das doppelte, umgeschlagene Gurtband doppelt festnähen. Auf diese Weise wird der Durchführpunkt der Zugleine besser fixiert und ein Einreißen des Segels vermieden.

Montage der Zugleinen

Der Pteranodon hatte, aus Einstell- und Optimierungsgründen, ursprünglich eine zweischenklige Waage erhalten. Zum heutigen Zeitpunkt würde ich eine Zugkraftabnahme (siehe Booster) empfehlen. Sollten Sie hierfür den optimalen Zugabnahmepunkt nicht getroffen haben, ist es nicht schwierig, einen zweiten Zugabnahmepunkt im oder am Segel zu befestigen (Abstand vom ersten Zugabnahmepunkt 150 mm). Dann ist es kein Problem mehr, den Drachen optimal einzustellen (**2, 5, 8,**).

- Zugleinen gemäß Zeichnung auf Länge zuschneiden und paarweise auf dem Arbeitstisch auslegen.
- Die erste Leine, von der linken Drachenseite beginnend, mit einer dicken Stopfnadel (ca. 2 mm) zuerst durch das Profilgurtband, dann durch die doppelte Gurtbandlage auf dem Untersegel ziehen.

Der Durchführpunkt sollte in der Mitte des Gurtbands und der beiden Nähte am Gurtbandende liegen.

- Die durchgezogene Zugleine an der Segelseite mit Schmelzperle versehen. Mit einem Zuziehknoten um die Gurtbandschlaufe am Profil nach innen festziehen.
- Die letzten beiden Punkte wiederholen, bis alle Zugleinen befestigt sind.
- Je Drachenhälfte werden die Leinenenden zusammengeführt und mit einer großen Schmelzperle gleichmäßig zusammengeschmolzen.
- Um ein Verwickeln der Leinen zu verhindern und ein schnelles Zusammenlegen des Drachens zu garantieren, sind zwei Hauptzugleinen (je 3000 mm lang) herzustellen. Die Enden werden mit Schmelzperlen versehen. Ein Ende wird mit Zuziehknoten um die große Schmelzperle festgezogen, am anderen Ende wird ein Alu-Ring mit Zuziehknoten befestigt.
- Der lenkbare Urvogel ist jetzt, sofern Sie alles richtig gemacht haben, zu seinem Jungfernflug bereit.

Superfliege

Man hat viele Versuche unternommen, die rechteckige oder quadratische Form der Parafoils zu verlassen und die figürliche Gestaltung in den Vordergrund zu stellen. Im Bereich der Einleiner ist auf diesem Gebiet in den letzten Jahren viel geschehen, doch blieb die Formenvielfalt zugunsten der Flugstabilität begrenzt.
Ein großer Schritt in Richtung größere Formenvarietät ist die lenkbare Skuptur. Durch die Steuerung kann die durch die Form bedingte Instabilität eines skulpturellen Parafoils ausgeglichen werden und seine Präsentation in der freien, dem Objekt entsprechenden „natürlichen" Bewegung am Himmel im Vordergrund stehen.
Mit dem Konzept meiner „Superfliege", die im Sommer 1989 entstand, bin ich – durch den Einbau einiger spezieller Details – bis an die Grenzen der Flugfähigkeit gegangen. So habe ich zum Beispiel erstmals Doppelflügel eingesetzt, von denen die drei Beinpaare gehalten und gespreizt werden. Ein 15 m langer und 0,3 m dikker Schwanz ergänzte den länglichen Körper.
Die Bestätigung, daß ich mit diesem ungewöhnlichen und neuen Konzept richtig lag, erhielt ich im Oktober 1989 in Berlin. Dort wurde der erste europäische Drachenbauwettbewerb veranstaltet, den ich mit meiner Superfliege gewann.

Bei gutem Wind ist ein Start mit zwei Helfern, wenn der Körper luftgefüllt ist, relativ einfach. In großer Höhe und bei starkem Wind entwickelt die Superfliege beachtliche Kräfte, die bei längerer Flugdauer fast unangenehm werden können. Die Landung kann, wie bei Lenkparafoils üblich, seitlich geschehen, oder aber in Hauptwindrichtung erfolgen, indem man einen Looping einleitet und etwas überzieht. In den meisten Fällen klappt dann ein Flügel ein, und die Superfliege stürzt ab. Beim Zusammenlegen sollten Sie sehr sorgfältig vorgehen, damit sich Beine und Zugleinen nicht verwickeln. Am besten ist es, die Superfliege auf den Rücken zu legen und aus dem Wind zu drehen. Die Leinen werden auf die Tragflächen gelegt, so daß die Hauptzugleinen an den Luftöffnungen herausschauen, und die Tragflächen dann seitlich eingerollt. Danach wird der Schwanz, zusammen mit den Beinen und dem Körper, eingerollt. Kurz vor dem Ende werden Kopfteil und Luftöffnungen eingeschlagen und die herausschauende Hauptzugleine um die Rolle geschlungen. Nach einigen Windungen wird die fertige Rolle um 90° gedreht und schließlich mit dem Rest der Leine umschlungen. Auf diese Weise ensteht ein kompaktes Paket, das sich leicht transportieren läßt.

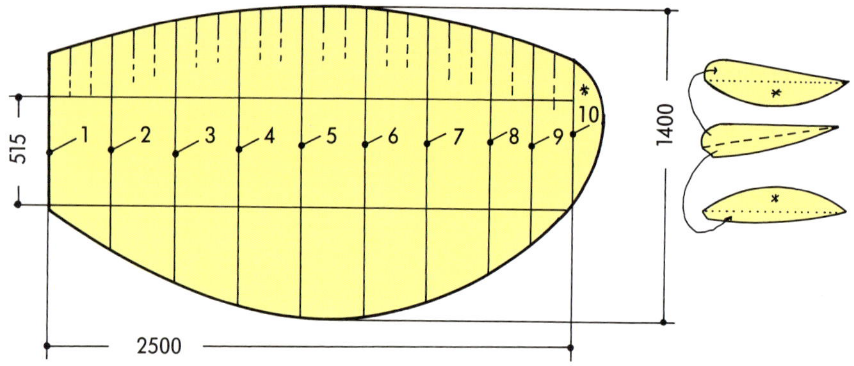

Unterflügel

1 = 720
2 = 1000
3 = 1200
4 = 1360
5 = 1400
6 = 1400
7 = 1280
8 = 1120
9 = 880
10 = 680

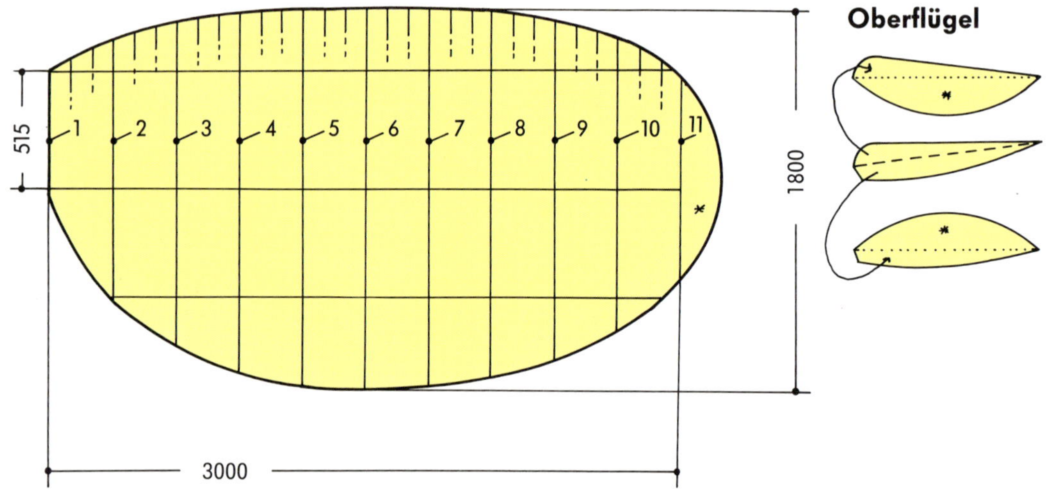

Oberflügel

1 = 540
2 = 1280
3 = 1550
4 = 1600
5 = 1710
6 = 1710
7 = 1710
8 = 1680
9 = 1590
10 = 1360
11 = 1040

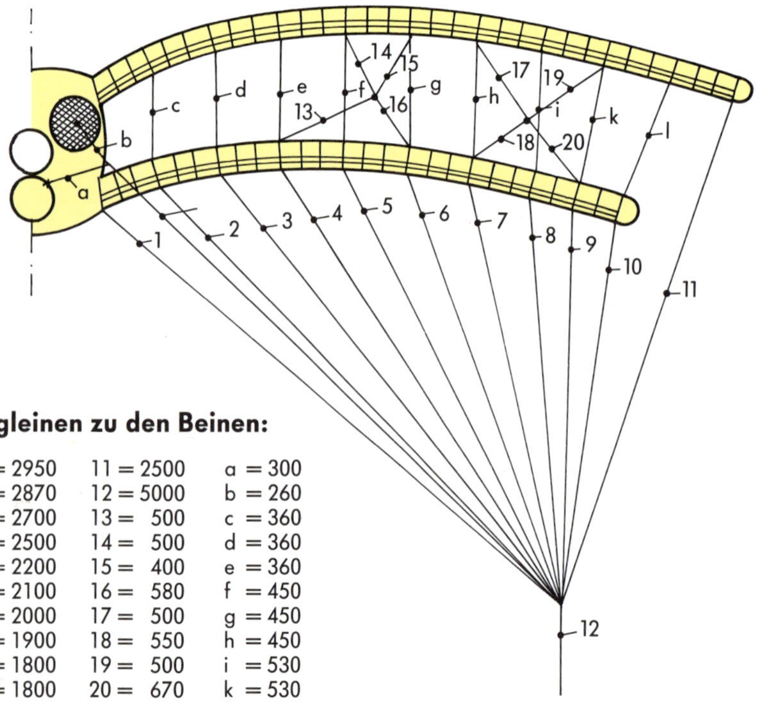

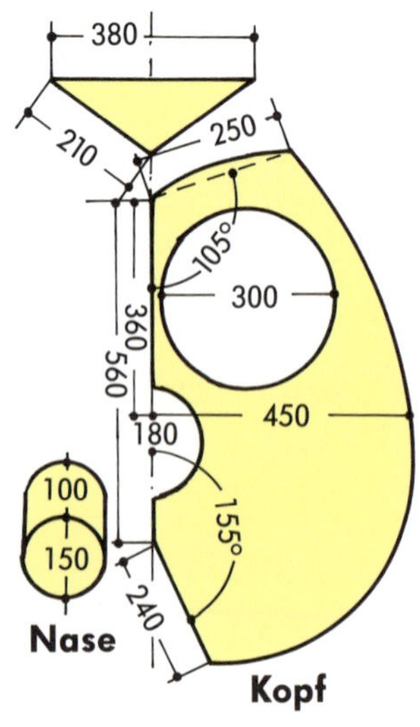

Zugleinen zu den Beinen:

1 = 2950	11 = 2500	a = 300
2 = 2870	12 = 5000	b = 260
3 = 2700	13 = 500	c = 360
4 = 2500	14 = 500	d = 360
5 = 2200	15 = 400	e = 360
6 = 2100	16 = 580	f = 450
7 = 2000	17 = 500	g = 450
8 = 1900	18 = 550	h = 450
9 = 1800	19 = 500	i = 530
10 = 1800	20 = 670	k = 530
		l = 560

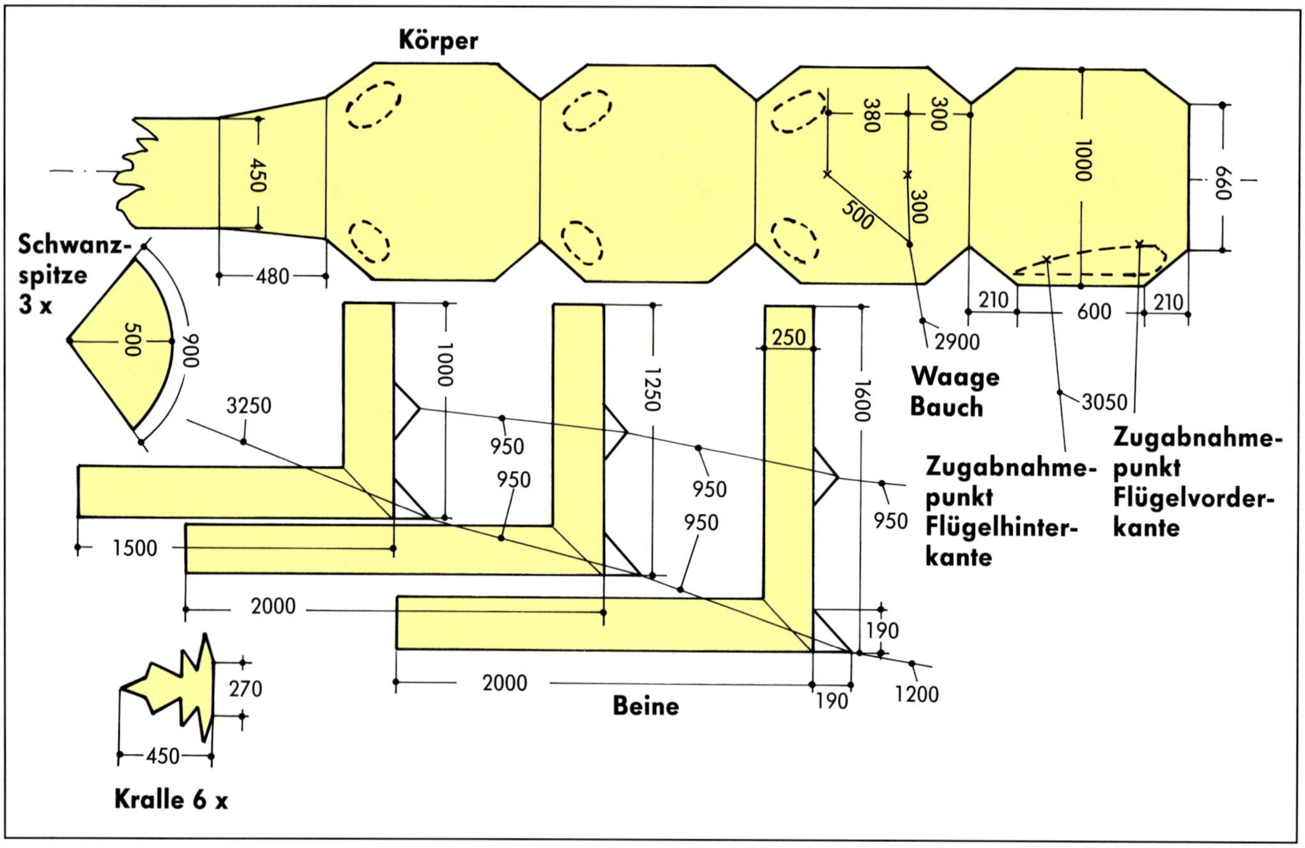

Materialliste ***Superfliege***	Menge	Abmessung mm	Material
Segeltuch	1	48 500	Nylon 52 g/m²
Gurtband	1	5000	Nylon
Zugleine	1	60 000 x 2	Nylon
Hauptzugleine	2	5000 x 3	Nylon
Aluminiumring	2	20	Aluminium

Baufolge

Die Superfliege ist der anspruchvollste und schwierigste Drachen in diesem Buch. Doch für diejenigen, die schon ein Gefühl für Proportionen in strömender Luft entwickelt haben, ist der Nachbau (vielleicht auch ein modifizierter) kein Problem. Bauanleitung und Materialliste enthalten die wichtigsten Vorgaben. Einige Abmessungen sollten Sie selbst festlegen, denn eine bis ins letzte Detail gehende Anleitung würde den Rahmen dieses Buches sprengen. In der folgenden Bauanleitung empfehle ich statt der zweischenkligen Waage des Originals eine Zugkraftabnahme. Auch auf eine zusätzliche Belüftung auf dem Kopf kann verzichtet werden. Die langen Hauptzugleinen ermöglichen es, die Superfliege als Standdrachen, an zwei Bodenankern befestigt, fliegen zu lassen.

Aufbau der Tragflächen

- Der Ober- bzw. Unterflügel jeder Seite besteht, der Farbigkeit wegen, aus 3 bzw. 4 halbierten Bahnen, die in der angegebenen Gesamtlänge mit halber Kappnaht zusammengenäht werden. Schon bei diesem Arbeitsgang ist bei unterschiedlich beschichtetem Tuch auf rechte bzw. linke Seite und obere bzw. untere Tragflächenabdeckung zu achten (**1, 4, 5, 6**).
- Jetzt folgt das Anfertigen der Profilschablonen für die Tragflügel. Das Ausgangsprofil ist das ca. 1000 mm lange Booster-Profil (s. Schnittmusterbogen). Es wird den Angaben gemäß verlängert oder verkürzt. Die Profildicke ändert sich aus praktischen Gründen nicht, auch der Bereich des Lufteinlasses bleibt unverändert. Die einzige Variable bildet die untere Krümmung des Profils zur geraden Profiloberkante; diese Kurve wird, vom dicksten Punkt des Profils ausgehend, der Länge

angepaßt. Die Maßangaben der jeweiligen Profillänge beziehen sich auf die obere Kurve vom Lufteinlaß bis zur Hinterkante. Sind die Profile festgelegt, so stehen auch die jeweiligen Längenmaße von Ober- und Untersegel fest.

● Der kurvige Zuschnitt an der Lufteintrittskante sollte als nächstes erfolgen, um dann aus den Abfallstücken Profile schneiden zu können. Dazu habe ich auf meinem Zuschneidetisch die entsprechenden Kurven aus der Zeichnung auf die Platte übertragen – aus Platzmangel jeweils nur die Hälfte der Kurve. Die Kurven der Tragflächenhinterkante können bei dieser Gelegenheit auch gleich übertragen werden. Jetzt wird das jeweilige Segel im richtigen Winkel aufgelegt, und die durchschimmernden Kurvenlinien werden als Hilfslinien mit Bleistift auf das Segel übertragen. Dies geschieht bei Ober- und Untersegel zuerst einmal nur für die Vorderkante mit den Lufteinlässen.

● Auf den Innenseiten von Ober- und Untersegel werden die Nähhilfslinien für die Profile aufgezeichnet.

● Nun die Vorderkanten – wenn möglich heiß und frei aus der Hand – entlang der Hilfslinie abschneiden.

● Zur Kontrolle sollte jetzt, von der kurvigen Vorderkante ausgehend, die jeweilige Profillänge markiert werden. Diese Markierungen sollten mit den Kurven der hinteren Tragflächenkante einigermaßen übereinstimmen. In dieser Phase können die Profillängen und die Kurve noch gegeneinander angepaßt werden.

● Danach wird die hintere Kurve mit einer Sicherheitszugabe von 50 mm aufgezeichnet, das restliche Tuch wird abgeschnitten.

● Aus den Tuchabschnitten und neuem Tuch die Profile ausschneiden.

● Gurtbänder für die Profile (s. Booster) zuschneiden und alle Arbeitsgänge wie in den Bauanleitungen der vorangegangenen Lenkparafoils durchführen.

● Eine Besonderheit sind die außenliegenden Tragflächenenden (**1**). In der jeweiligen Tragflächen-Zeichnung wird das Prinzip deutlich. Es gibt ein Ober- und Unterteil mit einer gleichmäßigen Krümmung. Ober- und Unterteil werden, wenn der Flügel fertig ist, auf links an die Ober- und Unterkante (inklusive Profilvorderkante) genäht, die Krümmungskurve dann genauso von vorn nach hinten zugenäht. Durch Ventilöffnungen im benachbarten Profil werden diese Seitenteile belüftet. Die Ventilöffnungen sind runde Löcher, die auf der zu belüftenden Seite eine quadratische oder rechteckige Tuchabdeckung erhalten, die an nur zwei gegenüberliegenden Kanten festgenäht ist. Beim Original hatte ich diese Öffnungen auch zum Belüften des Körpers verwendet; da sie aber dort nicht sehr effektiv sind, können sie auch wegfallen.

● Eine weitere Neuerung ist ein kleines Gurtbandstück auf der Oberseite der unteren Tragfläche, mit dem ein

1 Die Tragflächenenden werden mit Seitenteilen abgeschlossen. Diese Begrenzungen bringen nicht nur aerodynamische Vorteile, sondern sehen auch gut aus.

2 Der Kopf mit den Netzaugen und Waageanbringung. Die Waage an den Augen ist notwendig, weil diese vor der Staupunktlinie liegen und nicht mehr genügend Innendruck erhalten.

Verbindungspunkt zur oberen Tragfläche hergestellt wird. Das Gurtbandstück wird von außen seitlich auf das Gurtband des Hauptprofils genäht. Der Abstand zur Oberkante der Luftöffnung beträgt, auf der Kurve gemessen, 190 mm.

Körperaufbau

● Die Kopfhälfte gemäß Zeichnung zweimal auf das Segeltuch übertragen (eine Schablone dafür lohnt sich kaum). Auch das Kopfoberteil und die Teile für die Nase (selbst ausrechnen) aufzeichnen. Die Augen bestehen aus je 2 Halbschalen (ähnlich wie der Bauch vom Pteranodon). Um die Facettenstruktur der Augensegmente hinzubekommen, habe ich eine schwarze Halbschale mit sechseckigen Löchern versehen und diese auf eine weiße Halbschale aufgenäht. Anschließend werden dann jeweils 2 Halbschalen zu einer Halbkugel zusam-

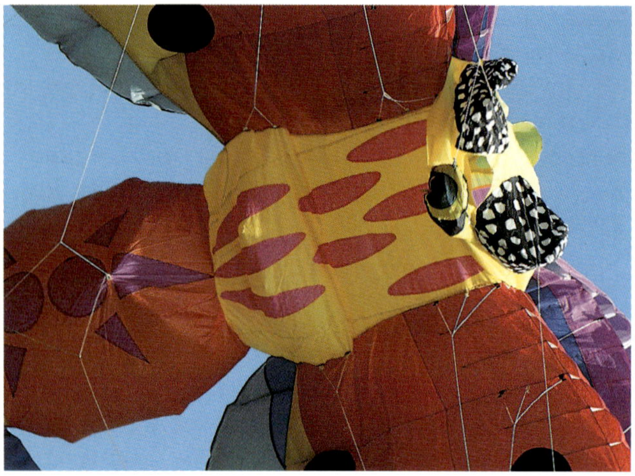

3 Der Körper wird mit einer zusätzlichen Waage stabilisiert, denn im mittleren Bereich gibt es keine selbststabilisierenden Profile; die Waage muß mithelfen, den richtigen Anstellwinkel zu erhalten.

4 Seitliche Ansicht auf Körper und Beine. Die Zugkräfte, die an den Beinen entstehen, müssen von den Tragflächen übernommen werden. Auch das war neu bei der Superfliege.

5 Ansicht der linken Tragflächenseite. Da der Oberflügel etwas übersteht, führt die äußerste Zugkraftabnahme am Unterflügel vorbei. Die Einknickungen an den Profilen entstehen durch die Beinwaage.

6 Gesamtüberblick über Tragflächen, Körper und Beine. An Bodenankern befestigt, fliegt die Superfliege bei gutem Wind ohne Probleme, so daß es kaum einer „Flugüberwachung" bedarf.

7 Drei Zacken markieren das Schwanzende. Auch hier habe ich später am Strand die äußersten Spitzen abgeschnitten, damit der Sand herausrieseln kann, denn zusätzlicher Ballast ist nicht erwünscht.

8 Die Waage zwischen den Tragflächen mit Anbringung der Beinwaage. Beim Einstellen der Beinwaage kommt es auf die gleichmäßige Zugabnahme an den Tragflächen an, sonst lenkt der Drachen einseitig.

mengenäht, die dann von links in die Augenöffnung der jeweiligen Kopfhälfte eingenäht wird (**2**).

- Die beiden Nasenteile von links zusammennähen.
- Die Ränder der Belüftungsöffnung unter den Augen umsäumen.
- Die beiden Kopfhälften und das Kopfoberteil von links zusammennähen. An den Augen je eins und der Nase zwei kleine Gurtbandstücke für die spätere Waagebefestigung annähen.
- Nase mittig unter der Belüftungsöffnung, so weit es geht, von links aufnähen und zunähen. Mit der Schere eine kleine Belüftungsöffnung auf der Unterseite der Nase einschneiden.
- Der Kopf ist nun fertig. Der Umfang der Kopföffnung zum Körper hin muß dem Umfang der Körperöffnung entsprechen. Gegebenenfalls kann durch Beschneiden der Rundungen eine Anpassung erfolgen.
- Die Abmessungen für Körper, Schwanz und Beine (Zeichnung oben) gelten für eine flachgedrückte, nicht luftgefüllte Superfliege. Das heißt, für jedes der 4 Körpersegmente muß, bei einer Bahnbreite von 1020 m, 2000 mm Tuch veranschlagt werden.
- Für den Körper zweimal 4 Rechtecke (1000 x 1020 mm) zuschneiden und jeweils 4 an den schmaleren Kanten zusammennähen.
- Für die Einschnürungen zwischen den einzelnen Körpersegmenten (**3/4**) werden nun an jeder der Längsseiten je 3 Dreiecke (Basis 150 mm x 300 mm Höhe) ausgeschnitten, am ersten und letzten Segment die Ecken entsprechend schräg geschnitten.
- Am oberen Körpersegment werden seitlich die Hilfslinien für die Befestigung der Tragflächen (Abstand zwischen beiden ca. 300 mm) aufgezeichnet. Bei der Original-Superfliege hatte ich dieses Segment aus 4 Rechtecken zusammengesetzt, doch nach dieser Bauanleitung sind alle Segmente gleich.
- An den 3 unteren Körpersegmenten werden, im unteren Bereich und etwas nach hinten zeigend, die Belüftungsöffnungen für die Beine (ca. 500 mm Umfang) ausgeschnitten.
- Die beiden langen Körperteile an den Längsseiten von links zusammennähen.
- Der Verjüngungsansatz zwischen Körper und Schwanz wurde aus 6 trapezförmigen Teilstücken zusammengenäht (es gibt noch andere Möglichkeiten, bitte selbst austüfteln).
- Die Beine bestehen aus halbierten Bahnen (Bahnbreite 1020 mm), der Länge nach von links zusammengenäht.
- Die beiden Beinglieder pro Bein werden entsprechend der Zeichung auf die richtige Länge gebracht, jeweils an einer der Schmalseiten auf Gehrung oder rechtwinklig zugeschnitten und von links zusammengenäht (**4/6**).
- Die Befestigungsdreiecke für die Beinwaage werden der Zeichnung gemäß ausgeschnitten, umsäumt, an den Spitzen mit kleinen Gurtbandstücken versehen und an den Beinen angenäht.
- Für die Füße lohnt die Anfertigung einer Schablone, denn es werden 6 Zuschnitte benötigt. Je zwei davon werden aufeinandergelegt und an den Rändern zusammengenäht (Abstand zum Rand ca. 10 mm), dann umgekrempelt und von links an den Beinenden, so weit es geht, angenäht, die Restöffnung dann von rechts zugenäht.
- Die nun kompletten Beine werden auf dieselbe Weise an den dafür vorgesehenen Öffnungen der Körpersegmente angenäht.
- Der Schwanz besteht aus beliebig langen zusammengenähten Bahnstücken (Gesamtlänge ca. 15 m).
- Am Schwanzende befinden sich 3 Spitzen, die separat angefertigt, dann mit je zwei Drittel ihrer Öffnung aneinandergenäht und schließlich insgesamt an das Schwanzende angenäht werden (**7**).
- Jetzt werden Kopf und Körper (komplett mit Beinen, Verjüngung und Schwanz) zusammengenäht.
- Wer will, kann die Tragflächen schon vor diesem letzten Arbeitsgang am Körperoberteil anbringen. Ansonsten geschieht das jetzt. Auf die übliche Weise an den vorgesehenen Hilfslinien annähen.
- Gurtbandstücke für die Waagebefestigungen am unteren Tragflügel an der Hinterkante (**5**) und am zweiten Körpersegment von oben annähen (**3**).

Zugkraftabnahme

- Die Leinen zuschneiden und wie in den Lenkparafoil-Anleitungen verarbeiten. Eine Besonderheit sind die Leinen zwischen den Tragflächen (**5**), zu den Beinen und dann zum Schwanz (**4, 8**). Normalerweise müßte die angegebene Dimensionierung stimmen, doch sollten Sie bei den Einstellungsoptimierungen einen besonderen Blick darauf verwenden. Denn wenn die Tragflächen nicht mit dem entsprechenden Zug nach hinten belastet werden, klappen die beiden Tragflächenpaare nach vorn zusammen, und der Drachen stürzt schon beim Start ab. Bitte achten Sie auch auf eine gleichmäßige Zugabnahme der Beinwaage an den Tragflächen, ansonsten lenkt der Drachen einseitig. Die gleichmäßige Belastung ist an den Einknickungen der Profilvorderkante zu erkennen (**6**).
- Es ist soweit – die Fliege ist fertig und kann eingeflogen werden. Wenn sie, an zwei Bodenankern befestigt, in niedriger Höhe steht, kann alles gut kontrolliert und optimiert werden.

Bitte denken Sie immer daran, daß wegen der notwendigen inneren Stabilität der Körper vor dem Start mit Luft gefüllt sein muß. Ich gratuliere schon jetzt, wenn alles gut funktioniert!

Bezugsquellen, Drachenläden

An dieser Stelle werde ich nicht, wie sonst üblich, eine Adressenliste veröffentlichen, die schon bald wieder korrigiert werden müßte. Mittlerweile gibt es in fast jeder größeren Stadt einen oder sogar mehrere Drachenläden. Viele dieser Läden sind zu Treffpunkten für die Aktiven der örtlichen Drachenszene geworden, und ihre Inhaber engagieren sich oft erheblich, u. a. auch bei der Organisation und Durchführung regionaler Drachenfeste. Es ist erstaunlich, welch eine breite Palette an Baumaterialien in vielen dieser Läden angeboten wird (in den USA zum Beispiel ist das keineswegs selbstverständlich).
In einigen Geschäften werden auch eigene Produkte und Konstruktionen verkauft.
Es wäre für jeden Drachenfreund ein Gewinn, wenn so viele Läden wie möglich erhalten bleiben, unter ihnen gerade auch die Engagierten mit ihrer oft etwas unwirtschaftlichen Geschäftspraxis (wozu zeitraubende Beratung, große Lagerhaltung, breites Angebot oder gar veraltete Preise nun einmal zählen). Am besten, Sie schauen sich in Ihrer unmittelbaren Umgebung alle in Frage kommenden Bezugsquellen unter diesem Gesichtspunkt genau an und treffen dann Ihre Wahl. So können Sie dazu beitragen, daß die breitgefächerte Angebotspalette auch in Zukunft erhalten bleibt.

Drachenclubs und Zeitschriften

DCD – Drachen-Club
Deutschland e.V.
Postfach 35 01 27
40443 Düsseldorf
Fax: 0211/780978
Zeitschrift HOCH HINAUS

DCB – Drachenclub Berlin
„Aero-Flott" e.V.
Hans Soyka
Lindenstraße 18
12207 Berlin 45
Tel: 030/7122600
Fax: 030/7122600
Zeitschrift FANG DEN WIND

DRACHENmagazin
Brahmsallee 8
20144 Hamburg 13

SPORT & DESIGN
drachen
Fremersbergstr. 1
76530 Baden-Baden

KITE LINES
Aeolus Press, Inc.
P. O. Box 466
Randallstown, MD 21133-0466
USA

VLIEGER
Postbus 53505
NL-2505 AM Den Haag

AMERICAN KITE
480 Clementina Street
San Francisco, CA 94103, USA

drachenflieger gleitschirm
magazin
Ringier Verlag GmbH
Gustav-Heinemann-Ring 212
81739 München 83

Literatur

Backes, Werner: Drachen bauen, 1984; Drachen aus aller Welt, 1986; Drachen – einfach und schnell gebaut, 1987; Drachen kombinieren und verketten, 1989; alle Ravensburger Buchverlag
Bruns, Hubert/Krüger, Detlef: Wind und Wetter Spielebuch, Kösel-Verlag, 1987
Burgess, J. Tom: Die praktische Knotenfibel, BLV Verlagsgesellschaft, 1981
Greger, Margaret: Kites for Everyone, 1984
Horten, Reimar/Selinger, Peter F.: Nurflügel, H.Weishaupt Verlag, 1985
Huber, Bernhard: Konstruktionsbuch für RC-Flugmodelle, Neckar-Verlag, 1977
Kline, Richard: Überflieger aus Papier, Hugendubel, 1989
Lippisch, Alexander: Ein Dreieck fliegt, Motorbuch Verlag, 1976
Moulton, Ron: Das Drachenbuch, Ravensburger Buchverlag, 1982
Pelham, David: DuMont's Bastelbuch der Drachen, Köln, 1977
Phantastische Drachenwelt, 1991
Rowlands, Jim: Kites to Make and Fly, 1989; Making and Flying Modern Kites, 1988; beide Dryad Press
Schimmelpfennig, Wolfgang: Lenkdrachen bauen und fliegen, 1989; Drachen bauen und steigen lassen, 1987; beide Falken-Verlag
Schulz, Manfred: Flugmodell-Profile, Neckar-Verlag, 1986
van der Servaas, Horst/Velthuizen, Nop: Stuntvliegers bouwen en besturen, Uitgeverij Thoth, 1991
Winkel, Friedhelm: Wir bauen Drachen, Kinderbuchverlag Berlin, 1986